北京高校思想政治理论课高精尖创新中心重点项目（18GJJA002）结项成果

中国社科研究文库

CHINESE SOCIAL SCIENCE RESEARCH LIBRARY

实践教学方法论

——基于《概论》课理论体系和逻辑体系

主　编｜周　颖

副主编｜陈金波　祝大勇

经济日报出版社

图书在版编目（CIP）数据

实践教学方法论：基于《概论》课理论体系和逻辑
体系 / 周颖主编 . —北京：经济日报出版社，2022.1
　　ISBN 978-7-5196-1009-8

　　Ⅰ.①实… Ⅱ.①周… Ⅲ.①毛泽东思想—教学研究
—高等学校②中国特色社会主义理论体系—教学研究—高
等学校 Ⅳ.①A84②D610

　　中国版本图书馆 CIP 数据核字（2021）第 259733 号

实践教学方法论：基于《概论》课理论体系和逻辑体系

主　　编	周　颖
责任编辑	门　睿
责任校对	常　贺
出版发行	经济日报出版社
地　　址	北京市西城区白纸坊东街 2 号 A 座综合楼 710（邮政编码：100054）
电　　话	010-63567684（总编室）
	010 63584556（财经编辑部）
	010-63567687（企业与企业家史编辑部）
	010-63567683（经济与管理学术编辑部）
	010-63538621 63567692（发行部）
网　　址	www.edpbook.com.cn
E - mail	edpbook@126.com
经　　销	全国新华书店
印　　刷	三河市华东印刷有限公司
开　　本	710×1000 毫米　1/16
印　　张	16.5
字　　数	238 千字
版　　次	2022 年 1 月第一版
印　　次	2022 年 1 月第一次印刷
书　　号	ISBN 978-7-5196-1009-8
定　　价	95.00 元

北京青年政治学院高精尖分中心
编委会

序

本书旨在为全国高职高专《毛泽东思想和中国特色社会主义理论体系概论》（以下简称《概论》）课程的授课教师在实践教学的设计和实施上提供借鉴和参考。

习近平总书记明确要求，要高度重视思政课的实践性，把思政小课堂同社会大课堂结合起来，在理论和实践的结合中，教育引导学生把人生抱负落实到脚踏实地的实际行动中来，把学习奋斗的具体目标同民族复兴的伟大目标结合起来，立鸿鹄志，做奋斗者。思政课的实践教学在高职院校尤为重要，也是思政课课程在落实立德树人根本任务的关键所在。

与普通高等教育相比，思政课的实践教学更加符合高职学生的认知规律和高职教育的育人规律。实践教学是集多重方式教学以及运用现代信息技术等手段于一身，在听、说、读、写、思的过程中，通过手动、口动、脑动，强化学生提升境界、涵养气概、激励担当的有效方式。正因如此，高职院校的思政课教师为了让学生感觉"高、深、难"的政治理论"接地气"，在解决文化素质基础和理性思维能力偏弱的学生想学、乐学的教学方法上下足了功夫，融入了大量实践教学的形式创新，较好地调动了学生的学习积极性。然而，任何事物都有其两面性，毋庸置疑，高职思政理论课教学形式上热闹有余，内容上缺乏理论支撑，知识含量和价值引领不足，从而弱化了思政课的政治引导功能。

如何解决上述问题？关键要把实践教学做实。从这个视角看，本书根据2018版《概论》教材内容，对应每一章节的重点难点，从实践教学目标、实施和考核各个环节进行系统设计，有的章节还做了教学反思。这是对强化政治性和学理性、价值性和知识性、理论性和实践性、主导性和主体性相统一，使高职思政理论课有情、有料、有用、有趣、有效所做出的有勇气的尝试。

　　本书编写人员多为高职院校的《概论》课骨干教师，也有部分本科院校教师加入，他们的教研任务十分繁重。但为了出版本书，他们忙里偷闲，刻苦付出。诚然，因为各种主客观条件的限制，本书一定会存在很多不足，敬请大家批评指正。我们愿与广大同仁并肩携行，不断地创新思想政治理论课模式，提高思想性、理论性、针对性和实效性，为高职学生成长成才增值赋能。

目　录
CONTENTS

导　言

"05 方案"的实施，将《毛泽东思想、邓小平理论和"三个代表"重要思想概论》作为必修课定为 4 个学时，思想政治理论课逐步得到重视。实践教学作为重要教学内容，为了适当减少理论教学"满堂灌"，增加了实践教学环节，除了课堂实践教学以外，还增加了课外实践教学，思想政治理论课实践教学 1.0 版由此产生；教育部在 2018 年颁布了《新时代高校思想政治理论课教学工作基本要求》（教社科〔2018〕2 号），提出从思想政治理论课现有学分中划出本科 2 个学分、专科 1 个学分开展思想政治理论课实践教学，实践教学作为独立教学形式配合理论教学，实现了实践教学课程化、专门化和线上线下混合式教学模式创新，构成了思想政治理论课实践教学 2.0 版；要贯彻落实新方案中关于思想政治理论课实践教学的基本要求，强化实践教学自身的系统性、整体性、科学性和逻辑性，创新实践教学 3.0 版摆在了面前。

按照中共中央《关于深化新时代学校思想政治理论课改革创新的若干意见》所提出的"完善思政课实践教学机制"目标要求，只有将实践教学课程化、体系化、科学化，才能形成实践教学的常态、长效机制。而目前实践教学虽然得到高度重视，实践教学已纳入思想政治理论课教学计划和大纲、进入课表，但是，实践教学教程设计依然呈现项目化、条块化、零散化状态，仍以单元活动、学生作品和体会作为实践教学考察、考核的依据，缺少对思想政治理论课具体课程理论性和逻辑性的把握，不能依据理论教学内容设计实践教学环节和考核实践教学效果。

本书以《毛泽东思想和中国特色社会主义理论体系概论》课进行实践

教学教程设计，深入思考实践教学设计理念，依据理论教学与实践教学相互转化的辩证关系，从"逻辑互通、内容互融、功能互补、模式互动、成果互化"五个方面，阐释了实践教学设计的基本理念，把握理论逻辑与实践逻辑的内在统一。针对《概论》课程特点，突出重点难点问题驱动做项目化分类设计，帮助学生从对课堂理论讲的"是什么"到实践教学学的"为什么""怎么办"的转化，真正做到知行合一。

2019 年 3 月 18 日，习近平总书记主持召开学校思想政治理论课教师座谈会再一次强调要全面贯彻党的教育方针，提出要不断增强思政课的思想性、理论性、亲和力、针对性，强调坚持理论性与实践性相统一，用科学理论培养人，重视思政课的实践性，把思政小课堂同社会大课堂结合起来。习近平总书记在全国高校思想政治工作会议上同样指出要用好课堂教学这个主渠道，在改进中加强，满足学生成长发展需求和期待。① 理论与实践的相统一，是实现思政课实效性的根本原则。2019 年 8 月，中共中央办公厅国务院办公厅印发《关于深化新时代学校思想政治理论课改革创新的若干意见》，强调"坚持开门办思政课，推动思政课实践教学与学生社会实践活动、志愿服务活动结合，思政小课堂和社会大课堂结合，鼓励党政机关、企事业单位等就近与高校对接，挂牌建立思政课实践教学基地，完善思政课实践教学机制。"

思想政治理论课本质上是实践的，马克思主义唯物史观强调理论来源于实践，在实践中得以检验和发展。依据"05 方案"精神，各高校统一了思想政治理论课实践教学内涵，即在理论课程的教学目标和大纲指导下，配合课堂理论教学，实现由教师为主导，学生为主体的"双主体"实践教学，从而加深对思想政治理论课程的理解，提升学生对思想政治理论的理解力和辨别力，深化对党的路线方针政策的认识，促使大学生了解社会、认识国情，增长才干、奉献社会、锻炼毅力、培养品格，进而做到知行合一。

----

① 习近平在全国高校思想政治工作会议上强调：把思想政治工作贯穿教育教学全过程 开创我国高等教育事业发展新局面［N］. 人民日报 . 2016-12-09（1）.

"05 方案"实施以来，全国高校开始探索实践教学模式，取得了一定成效。但是，也存在一些不足。例如，课堂理论讲授与实践教学内容相脱节，思想政治理论课实践教学与大思政实践、专业社会实践混为一谈，实践教学模式在"实与虚"的内容上缺乏有效衔接，实践教学形式化，教师在实践教学安排中过于包办，忽视学生主体作用的发挥，经费和实践保障措施不到位，实践教学的学生覆盖面不足和教学效果欠佳等。近年来，高职院校又出现重视实践教学，以学生实践活动和开放式考核冲淡理论教学和课堂正常考试的现象。尤其是理论性较强的《概论》课，实践教学设计缺少课程理论指导，缺乏整体性和科学性，如果仅以做项目活动、大思政实践或者专业实践的方式开展，则无法实现《概论》课的实践教学目的，矮化了实践教学理念，淡化了实践教学宗旨。

实践教学在《概论》课中所处的地位和重要性体现在以下几个方面：

首先，实践教学是《概论》课的基石，凸显了理论课程的内在品质。

马克思主义理论的主要特性就是实践性，实践性是马克思主义理论的内在品质。马克思主义唯物史观认为，理论来源于实践，接受实践的检验，并随着实践的发展而发展，理论不能离开实践。理论与实践相统一，是马哲的理论品质，也是《概论》课的教学原则和目标。《概论》课的理论、路线、方针和政策，是马克思主义中国化的创新理论成果，必须在实践中检验才能有生命力。

其次，实践教学是《概论》课教学改革与创新的内在要求。

重视和加强实践教学，以多种实践教学形式培养青年学生掌握理论知识，增强学生分析和解决实际问题的能力，是《概论》课教学改革与创新的内在要求。《概论》课理论化、逻辑化、体系化的特点相对于高职高专学生的接受能力来说，确实有些吃力，但不能因为高职学生以技能培养为主而降低对理论的掌握。如何将理论与实践结合起来，将系统化知识与高职学生碎片化的理解力结合起来，是教学改革面临的一大难题和挑战。高职学生思维比较活跃且感性，动手能力较强，理论基础较薄弱，在满足高职学生成长发展规律的基础上讲好《概论》课，必须要基于课程理论体系基础，创新实践教学模式，用社会实践和感知体验增强学生对理论的认同。

再次，实践教学是培养学生运用《概论》课的理论知识，分析和解决实际问题的重要途径。

在实践教学中理解理论和掌握理论的内涵、要义，是《概论》课教学目标的第一步，《概论》课的实效性最终体现在如何培养高职学生运用理论分析和解决实际问题的能力，从而成为中国特色社会主义合格的建设者。这就要求教师在实践教学中构建课堂、校园、社会、网络相结合的立体化实践教学模式，通过学生的主动参与，激发学生学习的积极性、主动性、创造性，提高《概论》课教育教学的实效性，从而让青年学生最终做到对《概论》课"真心喜爱、终身受益"。

最后，实践教学的课程化、体系化建设有利于丰富并深化课堂理论教学。

中宣部、教育部强调，高校思想政治理论课所有课程都要加强实践环节。思想政治理论课的实践教学，其目的在于加深对课程理论教学的理解。认识来源于实践，只有在实践教学中调动学生探索真理、明辨理论的主动性，在社会实践中检验理论的科学性，理论才有说服力，学生才能真正掌握理论、学透理论，才能运用马克思主义立场、观点、方法，解决实际问题。实践课堂对于理论课堂的重要性不言而喻，是对理论学习的检验，课程化、体系化的实践教学有利于丰富并深化课堂理论教学，提高理论教学效果。

实践教学 3.0 版，宗旨就是落实"2018 新方案"实践教学要求，通过实践教学"三融合"途径，即理论与实践相结合、实践教学与专业课实习相融合、教学育人与管理育人相融合，促进思想政治理论课教学"活"起来。同时，做好做实思想政治理论课的实践教学，必须基于理论与实践、校内与校外、课内与课外之间"三个结合"的思路，保证实践教学落到"实"处。

本书的特点和亮点就是，依据《概论》马克思主义理论研究和建设工程重点教材，在教材体系指导下，设计实践教学教程。实践教学设计既包含自身的实践性特点，又贯穿理论教材的逻辑体系，让学生通过实践活动，完整把握理论教材的理论内容，实现理论性、科学性、整体性、逻辑性的统一。课题组也希望此书能够给思想课同仁提供实践教学思路，把课题组近几年实践教学经验进行总结，同同行切磋更好的教学，让思政课活起来、火起来、亮起来。

北京高校思想政治理论课高精尖中心
北京青年政治学院高精尖分中心课题组

第一章

毛泽东思想及其历史地位

实践是理论之源，思想是时代之光。毛泽东思想作为科学理论的出现，是近代中国历史演变和思想选择的必然结果。毛泽东思想作为马克思主义中国化第一次历史性飞跃的奠基性理论成果，具有极为丰富的理论内容和科学的体系结构。对这一理论的认识，不仅需要理论教学的逐层分析，更需要实践教学的躬行体认。

教育活动既是一个理论问题，也是一个实践问题。教育部原部长陈宝生指出："立德树人，就要把握好素质教育时代特征，重点抓好大中小学教材建设和教学改革……促进教育与生产劳动和社会实践紧密结合，提高勤工俭学、志愿服务、学习实践活动的成效，以知促行、以行促知，学以致用。"① 实践教学是思想政治理论课教学的重要环节，是培养学生实践能力、增强社会责任感、提高学生综合素质的重要途径。

邓小平曾深刻指出："毛泽东思想过去是中国革命的旗帜，今后将永远是中国社会主义事业反霸权主义事业的旗帜，我们将永远高举毛泽东思想的旗帜前进。"② 毛泽东思想的存在彰显了党的光辉历史，不能丢掉这个旗帜。

学习和研究毛泽东思想需要从毛泽东思想的整个体系中去获取正确的理解，着眼于毛泽东思想基本原理在现实中的运用；积极探索和创新思想

---

① 陈宝生. 认真学习宣传贯彻党的十九大精神 优先发展教育事业［EB/OL］. 中国网，2018-01-08.

② 邓小平. 坚持四项基本原则［M］//邓小平文选：第 2 卷. 北京：人民出版社，1994：172.

政治理论课实践教学模式，完善教学体系，促进思想政治理论课实践教学的不断向前发展；增强思想政治理论课教学的吸引力、感染力，培养学生的创新能力和实践能力，促进学生的知识、能力、情感等全面协调发展。

第一节　实践教学目的

本章实践教学旨在从青年大学生的实际出发，在调动学生学习积极性的基础上，充分调动学生的主观能动性，拓展思路、开阔视野，使他们学有所思、思有所悟、悟有所动，引导青年学生从"是什么""为什么""怎么做"三个层面上科学理性地认识"毛泽东思想及其历史地位"，客观认识毛泽东个人。作为青年学生，什么是毛泽东思想，为什么天安门城楼上毛泽东画像将永远保留下去是必须要弄明白的。掌握毛泽东思想作为中国共产党的科学指导思想的科学内涵，树立正确的世界观和人生观。坚定走中国特色社会主义道路的信心，懂得新时代中国共产党坚持毛泽东思想的指导地位，坚定马克思主义的基本立场。

本章内容主要由三节构成，"第一节毛泽东思想的形成和发展"，主要讲述毛泽东思想形成的历史条件、发展过程。中国共产党领导人民进行革命和建设的成功实践是毛泽东思想形成和发展的实践基础。"第二节毛泽东思想的主要内容和'活的灵魂'"。毛泽东思想中一系列相互关联的重要理论观点，构成了一个完整的科学思想体系，以独创性的理论丰富和发展了马克思列宁主义。"第三节毛泽东思想的历史地位"。毛泽东思想是马克思主义中国化的第一个重大理论成果，是中国革命和建设的科学指南，是中国共产党和中国人民宝贵的精神财富，是中国共产党必须长期坚持的指导思想。

第二节 实践教学目标

教育目标是一切教育活动的起点和归宿。本章的实践教学目标可细分为认知目标、情感目标、价值目标、能力目标四个方面。

一、认知目标

通过实践教学，引导青年大学生理解毛泽东思想形成和发展的历史条件"是什么"，毛泽东思想的主要内容"是什么"，毛泽东思想活的灵魂"是什么"，毛泽东思想的历史地位"是什么"；明确毛泽东思想是在深刻把握中国革命实际和国际形势发展基础上形成的，是在深入总结中国革命正反两方面经验教训基础上形成和发展的，是在深刻分析国际形势、顺应世界发展大势、借鉴国外发展经验的基础上形成和发展的；明确毛泽东思想的主要内容是紧紧围绕中国革命和建设主题，提出的一系列互相关联的重要理论体系；明确毛泽东思想的历史地位，是我们党必须长期坚持的指导思想，是中国共产党和中国人民宝贵的精神财富，是马克思主义中国化第一次理论飞跃的集体智慧结晶；明确毛泽东同志个人与毛泽东思想之间的关系。

二、情感目标

通过实践教学，使青年大学生在深刻理解毛泽东思想"是什么"的基础上，深刻把握毛泽东思想"为什么"能作为马克思主义中国化的第一个重大理论成果；"为什么"至今依然闪烁着真理光芒；"为什么"说需要读懂中华民族近代的苦难辉煌史、读懂中国共产党和中国人民的伟大奋斗史离不开毛泽东思想这把金钥匙；还要读懂毛泽东主席的画像"为什么"将永远挂在天安门城楼上。

三、价值目标

通过实践教学，使青年大学生在深刻理解毛泽东思想"是什么""为什么"的基础上，深刻把握时代意义。明确毛泽东思想是中国共产党人集体智慧的结晶，作为思想理论应该在实践中不断发展和完善，认识到毛泽东思想不会因为毛泽东主席的离开而失去时代价值，摒弃毛泽东思想"过时论"，进而解决"怎么样"的问题，即"用怎么样的眼光看待毛泽东思想体系"的问题。

四、能力目标

通过实践教学，使青年大学生充分了解毛泽东思想的形成过程，准确把握毛泽东思想的科学内涵，正确认识毛泽东思想的历史意义，客观评价毛泽东同志的一生；摒弃毛泽东思想"过时论"和以毛泽东同志晚年错误否定毛泽东思想的"否定论"，能用马克思主义辩证观点科学评价毛泽东同志和毛泽东思想，能用发展的眼光看待思想的传承。

第三节 实践教学设计

本教程设计的实践教学行动，既包括课堂内的实践教学，也包括课堂外的社会实践教学。无论课堂内的实践教学还是课堂外的社会实践，其总的设计思路，都本着贯通课内与课外、融通理论与实践、连通历史与现实的原则，根据学生认识问题、分析问题、解决问题的学习规律，将文本理解与实践提升相结合，形成思想上有感悟、心灵上有触动、行动上有体现的实践教学理念。

一、教学设计原则

（一）坚持课内与课外相结合原则

认清学情是解决教学问题的基本前提，不了解新时代课程的基本要求，不了解新时代学生的学习特点，不了解新时代思想政治理论课的实践要求，便不可能提出有针对性、符合学生发展实际的实践教学方案。本章节知识结构在有限的课内时空中无法完成全部内容的解构，纯理论的解读也无法及时深入学生的认知、感悟，所以，我们需要拓展第二课堂，校内外实践教学模式的有效开展能实现内容的虚实相接。

（二）坚持理论与实践相结合原则

理论与实践相结合原则是马克思主义的基本原则，也是我们党长期以来一贯坚持的优良传统。本章实践教学设计遵循理论联系实际原则，旨在使青年大学生在实践教学活动中，充分认识毛泽东思想的形成经历了一个形成、成熟、继续发展的过程，而非一蹴而就，有其发展的时代背景和实践基础。毛泽东思想作为科学理论的出现，是近代中国历史演进和思想选择的必然结果；作为一种马克思主义理论形态，具有丰富的理论内容和科学的体系结构。完整准确地理解毛泽东思想，既是一个重大的理论问题，更是一个现实的政治问题。我们党的任何理论都是来源于实践，又指导实践，坚持理论与实践相结合的原则，主要就是培养青年大学生运用马克思主义的立场、观点和方法观察问题、分析问题、解决问题的能力。

（三）坚持历史与现实相结合原则

思想理论是社会变革的先导。面对中国近代以来的灾难，以毛泽东同志为代表的中国共产党人，开马克思主义中国化之先河，创立毛泽东思想。紧紧围绕中国革命和建设的主题，在许多方面以其独创性理论丰富和发展了马克思列宁主义，构成了一个博大精深的科学思想体系。毛泽东思想的形成也经历了一个漫长的历史过程，至今依然闪耀着真理的光芒。

本章实践教学设计思路除了坚持上述原则之外，还应坚持知识教育与价值认同教育结合、集中性与分散性结合、广泛性与可行性结合、多样性与实效性结合等原则。

二、教学设计方案

为帮助青年大学生更好理解和掌握本章理论教学的重点、难点内容，充分发挥师生双主体作用，实现两个课堂（理论讲授课堂与实践教学课堂）的互联、"课堂—校园—社会"三位一体的整体效应。在实践教学的建构上主要按照章节的理论架构来设计，按照理论理解能力、辨析能力、分析问题能力、践行能力等不同层次开展，主要采用以问题为导向的任务驱动法，循序渐进提高认识水平，实现"实践—理论—再实践"的螺旋式上升。

（一）结合单元知识　实施任务驱动

结合章节知识点，解构教学中需要讲清楚而无法通过传统课堂达到效果的知识点，通过实践教学任务设置，引导学生积极查找、主动发现，团队协作、自主探究、分享交流，让学生在实践中把握知识、在实践中悟出原理。

（二）制定教学方案　精心环节设置

紧紧围绕学生关切的热点、难点、疑点问题展开，紧密联系社会现实，精心设计探究式的教学案例，并将教学案例以多元方式呈现。在教学方案的制定中以可行性、可操作性为出发点，在操作环节布置上以方向性、开放性为出发点，既不固定模式，又不脱离知识的关联性。

（三）倡导团队协作　开展学习探究

在教学实践环节中特别注重团队协作能力的调动与提升。比如：在演讲、朗诵、征文方面，传统实践教学中往往习惯单兵作战，但本章在环节设置中倡导团队协作，在完成活动之后，要求学生以总结式实践报告形式提交，留下各成员参与的轨迹，能有效增强团队成员的参与性、协同性。用团队的力量推动个人的成长，又以个人的协作推动团队的进步。

（四）促进分享交流　提供展示平台

学生以小组为单位围绕教学案例预置的研讨问题展开分析和研讨，并在小组内形成共识后，自拟题目形成研讨成果，然后小组代表分享本组的研讨成果。研讨成果呈现的形式不限，可以是多媒体演示报告、微视频、微文本，也可以是演讲稿、实践调研报告、实践心得体会、研究论文等。在本环节，小组代表要对本组的研讨成果进行简明扼要的说明，呈现环节可以合作完成，也可以单独完成。成果交流与分享环节，也是学生能力展示的环节。

（五）推动生生互评　实施师生共评

反馈评价环节，也是学生能力提升与价值塑造环节。在本环节，小组代表在课堂上展示研讨成果后，其他同学和教师均可就该小组演示的研讨成果中某个问题或几点疑惑进行现场提问，本小组任何一名成员均可解答。然后，对展示小组进行民主评议，这一环节采用小组互评。然后，教师就小组的研讨成果，以及研讨成果展示的形式等进行总结性评价。

三、教学设计特点

（一）实践教学的定位体现养成性

遵循学生认知规律和政治思想素质养成规律，引导学生深入社会生活实际，在实践活动中理解和掌握理论，并将理论思想内化为自身的信念和意志，从而养成良好的行为习惯和道德品格。

（二）实践教学的内容体现针对性

实践教学活动要结合职业特点和行业特征进行设计。各行业优质的服务除了要求过硬的专业服务技能之外，还需要从业人员具备良好的职业基本素养。职业基本素养，源于强烈的责任感和敏锐的观察力，其体现了对从业者的尊重和关心，针对性实践教学内容无形中会提高行业的服务意识和职业的基本素养。

（三）实践教学的过程关注体验性

无论是课堂内实践还是课堂外实践都注重学生的情感体验、价值体验和行为体验，并要求学生写出实践心得体会或论文，这有利于学生把丰富的情感体验上升为理性认识，使学生在体验中感悟理论思想的价值，在体验中养成优良品质和良好的行为习惯。

（四）实践教学情景展现开放性

广泛利用校内条件和校外社会资源，坚持"走出去"和"请进来"并举。通过调查报告、云上走读、读书会、诗词大会等方式，多元化开展实践活动。在成果展示的选取上不拘泥格式，给学生自由展示的空间，让学生参与社会生活实践但不脱离思想本源。

（五）实践教学目标突出能力培养

能力的培养备受关注，已成为人才培养的重要内容。思想政治理论课实践教学旨在使学生在完成任务的过程中，持续培养创新能力、适应能力、合作能力、交际能力、分析判断能力、自主创新能力、独立实践能力等多层次能力。①

第四节　实践教学安排

一、课时安排

根据本章内容和在整个课程体系所占比重，建议实践教学一般折算 6 个学时，其中 2 个学时课下查阅资料、分组研讨、形成研讨成果；2 个学时课上研讨成果分享、研讨和互评，2 个学时小组形式开展校内外社会调研和参观考察，并进行现场交流和研讨等。

二、教学地点

本章实践教学由课内实践教学与课外实践教学两部分组成，校内实践教学以教室、小会议室、礼堂、图书馆等为主要教学场所；校外实践教学场所可以自由选取，以安全、便捷为宜。

三、教学形式

根据本章重要内容、教学重难点与学生的思想困惑、实际关切问题等

---

① 曹常玲. 在科学发展观指导下创新思想政治理论课实践教学 [J]. 中国成人教育，2010（14）：159.

设计本章的实践教学形式。主要包括查阅文献资料、理论梳理、云上走读、读书会、诗词大会、宣讲活动、角色扮演等教学形式。

第五节　实践教学实施

"第一章　毛泽东思想及其历史地位",作为中国化的马克思主义,是马克思主义理论中国化的第一次飞跃,无论在现实还是在本教材中都显得尤为重要。因此,需要让当代青年大学生深刻认识毛泽东思想的形成与发展、深刻理解毛泽东思想的主要内容和活的灵魂、深刻把握毛泽东思想的历史地位、客观评价毛泽东个人的历史功过。根据本章在教材中的地位和作用,围绕本章的重难点知识,结合学生的实际关切问题设计本章实践教学形式与内容。

一、实践教学活动一
——聚焦"毛泽东思想的形成和发展"设计实践

(一)实践目的:以"毛泽东思想作为一个科学理论的提出"为主题,开展调查研究活动。通过此项活动,有助于学生了解以"毛泽东思想"命名中国共产党集体智慧的结晶是经过深思熟虑的,毛泽东思想离不开毛泽东个人的卓越贡献,但绝不等同于毛泽东的思想。

(二)实践主题:"毛泽东思想作为一个科学理论的提出"。

(三)实践形式:理论梳理。

(四)实践成果:实践报告、实践心得体会、论文等。

(五)组织实施:

1. 时间:"第一节　毛泽东思想的形成和发展"课前、课后。

2. 地点:图书馆、小会议、教室等合适地点。

3. 类型:理论梳理。

4. 步骤如下:

第一步,随机组队,围绕主题查阅资料,收集资料。

第二步，理论梳理。一是对毛泽东思想的形成过程进行梳理；二是对毛泽东思想作为一个科学理论的提出过程进行梳理；三是对马克思主义中国化理论成果中关于"毛泽东思想"的提法进行梳理；四是将理论梳理获得的成果制作成微视频、PPT、微文本等形式。

第三步，小组分享与交流；

第四步，内容梳理，撰写并提交实践报告；

第五步，组间展示交流；

第六步，教师进行作品点评和整改；

第七步，考核，存档。

二、实践教学活动二

——聚焦"毛泽东思想的形成和发展"设计实践

（一）实践目的：在了解"毛泽东思想的形成和发展"知识的基础上，开展以"红色走读"为主题的"云上游"活动，充分利用网络红色虚拟场馆，让学生参与和体验"云上游"，展开"云上走读"活动，发起"网上游"作品征集活动，既可降低成本又能达到体验效果，情景模拟更能让学生真实感受毛泽东思想的形成背景和发展过程。

（二）实践主题："红色走读"。

（三）实践形式："云上游"。

（四）实践成果：围绕"云上游"当中印象最深的一个红色景点或一件藏品、一张照片、一个历史事件，以"印象最深的……"为主题，以团队形式，结合各自所学专业和兴趣爱好等提交"云上游"作品，可以是参观心得体会，也可以是绘画、音乐作品，还可以是拍摄制作的短视频、H5、动漫等，表现形式多样，体裁不限，标题自拟。

（五）组织实施：

1. 时间：在"第一节　毛泽东思想的形成和发展"之后。

2. 地点：网络虚拟场馆（目前很多地方都推出了红色虚拟场馆，而且很多都是免费开放的。可以由学校提供，也可以由学生自己关注公众号进入）

3. 类型：网络体验型。

4. 步骤：

第一步，选定校内或校外的虚拟场馆，自由组队；

第二步，利用课内或课外时间展开实践考察；

第三步，组内研讨、交流，形成文案，制作微视频、PPT、微文本等；

第四步，整理作品并提交；

第五步，组间交流答疑；

第六步，民主评议；

第七步，考核，存档。

三、实践教学活动三
——聚焦"毛泽东思想的主要内容"设计实践

（一）实践目的：以"领略伟人智慧，学会治国才干"为主题，组织学生有重点地阅读，组建读书会，领略伟人的思想和智慧，感受伟人治国理政的才干，学习伟人治国理政的聪明才智，使学生明白毛泽东思想作为科学的思想体系，不是解决个别问题而存在的。同时认清新时代的青年大学生应当勇于承担历史使命，为实现中华民族伟大复兴而不懈努力。

（二）实践主题："领略伟人智慧，学会治国才干"。

（三）实践形式：读书会。

（四）实践成果：成长记录、实践心得体会、论文等。

（五）组织实施：

1. 时间：在"第二节 毛泽东思想的主要内容"之后。

2. 地点：多媒体教室。

3. 类型：读书会。

4. 步骤：

第一步，精选毛泽东著作10本左右，均分组队；

第二步，以小组形式分散阅读，小组汇总，组长以PPT汇报；

第三步，分组进行导读，结合社会现实进行交流分享；

第四步，将所思、所感、所悟整理成文，以阅读成长笔记或心得体会提交；

第五步，组间分享交流；

第六步，教师根据提交作品进行点评；

第七步，考核，存档。

四、实践教学活动四
——聚焦"毛泽东思想活的灵魂"设计实践

（一）实践目的：学习"毛泽东思想"，要使学生明白贯穿其中的精髓是实事求是、群众路线、独立自主，这是毛泽东思想活的灵魂。通过"寻找家乡的好干部　身边的好党员"主题实践活动，感受新时代党的方针、路线、政策离不开毛泽东思想活的灵魂。一方面引导学生了解好干部好党员好在哪里，知道好干部的基本标准，激励学生积极入党，未来成为一名好干部。另一方面让学生明白新形势下更要始终坚持和运用好毛泽东思想活的灵魂，把中国共产党的队伍建设好，把中国特色社会主义伟大事业继续推向前进。

（二）实践主题："寻找家乡的好干部　身边的好党员"。

（三）实践形式：主题宣讲、演讲比赛。

（四）实践成果：调研报告、宣讲报告。

（五）组织实施：

1. 时间：在"第二节　毛泽东思想的主要内容和活的灵魂"之后。

2. 地点：教室、图书馆、社区等地。

3. 类型：主题宣讲、演讲比赛。

4. 步骤：

第一步，提前1—2周时间布置报告主题；

第二步，以小组为单位，设置组长一名，组织调查报告相关资料的收集；

第三步，组员讨论，对资料精心筛选与整合；

第四步，每组推荐一名文笔好的成员，撰写"家乡的好干部　身边的好党员"为主题的调查报告。其他组员分工协作帮助整理资料，由组长修改完善；

第五步，组长对调研人物、调研过程做简要说明，小组代表做宣讲报告或主题演讲；

第六步，教师和其他小组成员共同进行点评，民主评议；

第七步，考核，存档。

五、实践教学活动五

——聚焦"毛泽东思想的历史地位"设计实践

（一）实践目的：在学习"毛泽东思想的历史地位"之后，以"毛泽东思想的光芒"为主题，开展调研、访谈等实践，使学生在调研和访谈中，深化理解毛泽东思想的内涵、理论、精髓，通过活动提高学生的逻辑思维能力和语言表达能力，对毛泽东思想的历史地位形成共识，继而用理论武装头脑、以理论指导实践、推进学习和工作。

（二）实践主题："毛泽东思想的光芒"。

（三）实践形式：访谈。

（四）实践成果：访谈记录、调研报告、论文等。

（五）组织实施：

1. 时间：在"第三节　毛泽东思想的历史地位"课内或课外。

2. 地点：教室、图书馆、报告厅等。

3. 类型：社会调研、访谈。

4. 步骤：

第一步，组队，分工，确定主题；

第二步，围绕主题查找资料、确定访谈对象；

第三步，撰写访谈词；

第四步，以录播、笔记等方式记录访谈过程；

第五步，整理访谈记录，撰写访谈实践报告；

第六步，组间互评，教师点评；

第七步，考核，存档。

六、实践教学活动六

——聚焦"毛泽东思想的历史地位"设计实践

（一）实践目的：通过毛泽东诗词的查找、朗诵、解析，了解毛泽东的革命经历、领略毛泽东的文人风采，可以让学生更加了解毛泽东的生平，明晰毛泽东思想的形成过程、深化毛泽东思想的认识，从而让学生对毛泽东个人有个立体的认识，为正确评价毛泽东提供了新的视角。

（二）实践主题："毛泽东思想的历史地位"。

（三）实践形式：重温毛泽东诗词，领略领袖风采。

（四）实践成果：撰写学习心得、实践报告、诗词赏析小论文等。

（五）组织实施：

1. 时间：在"第三节　毛泽东思想的历史地位"之后的课外。

2. 地点：教室、会议室、礼堂、图书馆等。

3. 类型：朗诵、解析、角色扮演等。

4. 步骤：

第一步，向参加者发邀约，根据参加人数，确定场所；

第二步，确定参赛作品，查找背景资料，制作背景课件，选取音乐背景；

第三步，沟通、交流、排练；

第四步，提交展示资料和作品，如表演视频、现场展示照片、相关文档等，撰写并提交实践报告；

第五步，考核，存档。

附：参考案例目录

1. 实践教学活动一："毛泽东思想的形成和发展"

主题讨论：毛泽东思想作为一个科学理论的提出

2. 实践教学活动二："毛泽东思想的形成和发展"

竞赛活动：关于"云上游"作品的征集

3. 实践教学活动三："毛泽东思想的主要内容"

读书会：领略伟人智慧，学会治国才干

4. 实践教学活动四："毛泽东思想活的灵魂"

调查报告：寻找家乡的好干部　身边的好党员

5. 实践教学活动五："毛泽东思想的历史地位"

宣讲活动：毛泽东思想的光芒

诗词大会：重温毛泽东诗词，领略领袖风采

第六节　实践教学思考

实践证明，思政课中设置实践教学活动，不仅能够有效提高青年学生的政治素养，而且能够有效增强思政课教育教学的针对性、实效性和实践性。实践教学是培养健全完善人格人才的有效途径，总结反思实践教学的经验与做法，有利于进一步深化实践教学理性认知、探究创新实践模式、推动实践教学又好又快发展。

一、科学选择活动形式，精心设计实施步骤

内容决定形式，形式服务于内容，适当合理的形式会使内容起到事半功倍的作用。当前，实践教学形式多种多样，而任何一种教育教学形式都有其教育的针对性和价值，需要教师在教育教学内容一定的情况下科学选择教育教学形式，不可随意，更不可滥用教学形式，不然会适得其反，阻碍学生对教育教学内容的接受。实践教学实施的步骤也属于教学形式范畴，也是服务于学生接受和掌握教育教学内容的。因此，教师在选择教学形式时一定要讲究科学性与合理性，在设计教学实施步骤时要精心规划，教师要围绕教学的重难点，结合学生的学情，科学选择活动形式，既不单一，也切记泛多样化。在活动选择上可以结合重要纪念日或重大活动展开。

二、开展和优化实践教学，应努力做到以下几点

（一）活动策划上要精心准备

实践活动不能盲目开展，需要做好精心策划。无论小班教学还是进行合班教学，无论是课内实践教学还是课外实践教学，要想组织好都需要事先的精心策划，校外实践教学活动更是如此。因此，开展和实施一堂好的实践教学活动，首要的就是设计好活动方案，此外还需进行实地考察、申请经费、报销单据等具体工作。任何一个环节没有考虑周全，活动就难以达到预期效果。因此，要想使实践教学活动获得实效，必须事先精心做好活动策划。

（二）活动内容上要多元开放

实践教学是在理论教学基础上开展和实施的教学实践，因此，实践教学要达成开阔学生视野的目的，不能仅局限在教材、课堂、考试，而要大胆地将社会内容纳入教育视野，并在社会生活中让学生体会到学习的知识，能够展示出学习的内容，来将此运用到各个方面。实践教学的模式、方法都应该不断调整，使学生认识自我把握自我提升自我。因此，教师要带领学生了解时代的发展、社会的变迁、国家政策的颁布和实施的内在逻辑，突破课堂内外的屏障，让学生更好了解时政、关心时政、宣传时政、学会客观全面看问题，培育青年学生实事求是的理性态度。

（三）活动形式上要紧贴时代

思政课实践教学是以理论知识为依据，以强调创造性和实践性为要素的主体活动为形式，以激励学生主动参与和主动思考为特征的寓教于行的教学过程与教学方法。① 因此，在活动形式上要紧跟时代，利用信息化、数字化、专业化手段，让新时代大学生多元参与、多元展示，特别是在成果的展示上尽可能不拘泥传统。

---

① 王世伟. 高职思想政治理论课社会实践教学探究［J］. 教育与职业，2012（3）：160-161.

（四）活动实施上要团队协作

传统的实践活动，虽然也强调团队，但在成果的展示上更多体现的是个人，这极易让台前人员变成成果的享受者而挫伤其他成员的积极性，也易挫伤其他成员下次参与活动的积极性。故在实践教学活动中，我们建议强调分工、强调最终实践报告的撰写，在报告中要注重展示团队成员具体的分工、进度、发挥的角色作用，在教学成果的展示中，凸显核心成员和团队成员的协同作战整体能力与素质。

（五）活动评价上要注重实效

积极推进与实践教学相适应的考评制度创新，合理划分理论讲授与实践教学的比例，合理设置评价权重。在评价环节上，既要注重过程，又要注重成果，在成员考核中，既要注重团队，又要考核到个人。在实践活动的评价中，既要关注实施过程中成员的参与度，又要关注成果展示中团队的协同度，既要突出核心成员的组织性，又要调动一般成员的参与性；在考核结果民主评议中采取师生共评民主评议制，生生之间的评价采取"组内互评"和"组间互评"相结合的方式，兼顾共性与个性。

第七节　实践教学考核

一、成绩考核原则

实践教学重在通过教学实践训练和锻炼学生运用所掌握理论知识分析问题、解决问题的立场、观点、方法，培育他们运用马克思主义立场、观点、方法分析问题、解决问题的能力。最终考核应该坚持结果考核与过程评价相结合、定性评价与定量评价相结合、教师考评与民主评议相结合的原则，同时辅之以正向激励机制的原则。

（一）结果考核与过程评价相结合

结果考核与过程评价相结合就是考核结果要与过程评价保持基本的一

致。因为，一般的成绩考核或者说传统的成绩考核大多注重结果考核，即人们常说的"一考定终身"或者"一纸定终身"。这种成绩考核的结果很难反映学生参与实践教学活动过程的真实状况，不能完整真实体现学生在实践过程中的态度、表现、能力，存在一定的片面性、主观性、局限性；有时甚至存在考核结果差但参与实践过程评价好，也有时存在考核结果好但参与实践过程评价差等不一致的现象，因此，要减少不一致现象，使成绩考核能够真实反映学生的实践参与态度和实践展示能力，引进过程评价是实践教学评价的逻辑选择。

（二）定性评价与定量评价相结合

定性评价是建立在定性分析基础上的评价，定量评价是建立在定量分析基础上的评价。定性分析是以哲学思辨、逻辑分析语言描述揭示被评价对象特征的信息分析、处理方法。其目的是把握事物"质"的规定性，形成对被评价对象完整的看法。在教育评价中，定性分析比较适用于下列五个情景：第一，对发展过程的原因探讨；第二，对被评价对象优缺点的详细描述；第三，对典型个案的深入研究；第四，对被评价对象内隐观念、意识的分析；第五，对文献档案信息的汇总和归纳。定量分析是以数学、统计方法和数值形式反映被评价对象特征的信息分析、处理方法。其目的是把握事物"量"的规定性，揭示被评价对象重要的可测特征。定量分析比较适用于下列四个情景：第一，对群体的状态进行综述；第二，评比和选拔；第三，从样本推断总体；第四，对可测特征精确而客观的描述。

由此可见，定性分析评价和定量分析评价都有其过人之处，能够互补。定性评价与定量评价相结合应用于不同实践教学中或同一实践教学不同实践环节中，是一种科学合理的成绩评价选择。

（三）教师考评与民主评价相结合

在教育教学评价实践中，长期以来形成了任课教师考核评价（以下统一简称"考评"）学生的惯性模式，虽具有一定的权威性和独立性，但在实际教育教学中，由于教师的兴趣爱好、关注点、专业特点等受限，所以，任课教师独自一人考评学生的方法势必也存在一定的主观性、片面性和局限性。因此，在教育教学中，将教师的考评与同学之间的互评结合，能够比较客观、真实地反映学生完成学习的状况，这种考评方法也是当前常用的实践成绩考评方式方法。

（四）建立良好的正向激励机制

良好的正向激励机制是通过一套理性化制度或方式方法来激励学生积极参与实践教育教学活动并能最大化达成教育目的的方式，能够引导青年学生积极、主动投入教育教学实践中，具有事半功倍的效果。

二、考评方法

（一）以过程评价为重点、结果考核与过程评价相结合的考评方法

这种考评方法，建议过程评价占总成绩的 60%（或 50%），结果考核占 40%（或 50%）。其中，结果考核，主要是对学生提交的实践报告、实践心得体会、论文，或者是微视频、微文本、PPT 课件，或者演讲稿、成长记录、访谈记录、访谈录像等作业的考评；过程评价，主要是对学生参与实践教学活动的参与度、表现、态度、仪表、观点等进行考核和评价。

（二）以定性分析（或定量分析）为主、定量分析与定性分析相结合的考评方法

根据实际的教育教学内容，结合上述定性分析或者定量分析的比较适用的情景，具体定该考评方法，关键是既要有定量的成绩考核，还要有定性分析的评价，二者有机结合起来才是比较完美的好评方法。

（三）采用"生生互评"与"师生互评"相结合的方法

传统的成绩考核和评价主体多为教师，教师又以"专家"的角色主导评价，这种考评方法或多或少带有主观性、片面性等不足。为此，让学生参与到自己或同学们的成绩考评中，不仅可以使学生掌握客观评价别人的方式方法和评判标准，提高学生对人、对事、对学习的价值判断素质能力。

三、成绩考评

一般而言，在考评方法中，以谁为主，谁的权重相对就高一些，在以

过程评价为重点、过程评价与结果考核相结合的考评中，建议过程评价占总成绩的50%，结果考核占50%；在以定性分析（或定量分析）为主、定量分析与定性分析相结合的考评中，建议以谁为主，谁的考评权重就高些。对于表现突出成员或核心成员设置加分项；在考核结果中兼顾师生评价，建议教师的考评权重占40%左右，组内评价和组间评价各占30%，成绩考评见表1-1。

表1-1　成绩考评表

考核评价	模块	项目管理	分值	权重比例	考核结果
过程评价（百分制）	分工协作30%	资料查找	10分	50%	组内互评（30%）
		活动参与	10分		
		组织协调	10分		
	组内表现40%	活动参与	10分		组间互评（30%）
		资料贡献	15分		
		组织协调	15分		
		核心成员加分项			
	小组研讨30%	主题研讨	15分		教师评价（40%）
		成果展示	15分		
		成员加分项：撰写、汇报等			
成果评价（百分制）	成果展示	成果展示	50分	50%	
		实践报告	50分		

作者简介：邱海燕，江西临川人，哲学硕士，江西抚州职业技术学院，马克思主义学院讲师。

第二章

新民主主义革命理论

本章以在北京香山革命纪念地和"一二·九"运动纪念亭开展实践教学活动为例。

第一节　实践教学目的

新民主主义革命理论，是毛泽东思想的重要组成部分，是马克思主义中国化的重要理论成果，近几年的数次教材修订都保留了此章。习近平总书记指出，随着中国革命实践的发展，以毛泽东为主要代表的中国共产党人不断概括和总结了中国革命实践经验，使新民主主义革命理论进一步丰富和完善。中国共产党逐步走向成熟，并且发展壮大，得益于新民主主义理论的不断发展，正是因为理论的正确指导，我国新民主主义革命取得胜利。围绕"新民主主义革命理论"开展实践教学，使学生掌握新民主主义革命理论的基本理论知识、理解新民主主义革命理论是中国革命胜利的指南和马克思主义中国化的重要内容、体会中国共产党的执政地位、马克思主义指导地位是历史和人民选择的结果。

第二节 实践教学目标

一、认知目标

帮助学生深刻理解新民主主义革命胜利的根本原因在于以毛泽东同志为代表的中国共产党人正确认清了中国国情,运用马克思主义科学制定了革命总路线,有效探索出了一条农村包围城市、武装夺取政权的革命新道路;使学生更加清楚中国共产党的执政地位是历史和人民的选择、更加坚信没有共产党就没有新中国的真理。

帮助学生深刻认识到中国共产党领导的抗日民族统一战线是中华民族、中国人民、中国共产党取得抗战胜利的重要法宝,是夺取抗日战争胜利的决定性因素。引导学生理解和明白中国共产党发起和领导的抗日民族统一战线的重要作用:抗日民族统一战线进一步唤起了中华民族的觉醒,推动了抗日救亡运动的新高潮,凝聚了全民族的抗战力量,促进了全民族抗战局面的形成,加强了中国共产党对抗战的领导,奠定了中国革命的正确方向。

帮助学生进一步认清统一战线在当今中国的时代价值。在中国特色社会主义新时代,要实现"两个一百年"奋斗目标、实现中华民族伟大复兴的中国梦,统一战线仍然是党的事业取得新胜利的重要法宝。党的十九届四中全会《中共中央关于坚持和完善中国特色社会主义制度、推进国家治理体系和治理能力现代化若干重大问题的决定》提出"巩固和发展最广泛的爱国统一战线正是新时代重视和发挥统一战线法定作用的鲜明表征"。

二、能力目标

通过实践教学,把课堂中学到的理论知识运用到实践活动中,有利于调动学生的自主性和创造性,有利于培养学生脚踏实地严谨求学的作风,有利于提高学生的实践创新能力、提升学生的人文素质、增强社会责任感、锻炼毅力，特别是培养学生在实践活动中掌握正确的社会调查方法、文献研究法，帮助学生练就运用马克思主义立场、观点、方法认识问题、分析问题、解决问题的能力。

三、成果目标

新民主主义革命是中国共产党践行历史使命的重要部分，旨在推翻压在中国人民和中华民族头上的帝国主义、封建主义、官僚资本主义三座大山，实现民族独立、人民解放、国家统一、社会稳定。新民主主义革命的胜利，建立了中华人民共和国，实现了中国从几千年封建专制政治向人民民主政治的伟大飞跃。因此，要通过实践教学活动，让同学们充分感受到新民主主义革命道路的正确性，体会到新民主主义革命过程的艰辛。

（1）小组成员共同查找有关北京香山革命纪念地和"一二·九"运动纪念亭的资料。通过小组演讲、观看视频等方式，了解夺取革命胜利和中华人民共和国成立的光辉历史，"一二·九"运动发生的历史背景和重要意义。

（2）结合实地参观，将入党宣誓仪式、重温入党誓词有机融入实践教学过程；也可结合主题班会同时进行。

（3）录制参观前小组学习、现场参观、现场小组活动的视频。

（4）在参观结束后，小组总结心得，并填写实践教学活动实录。

（5）召开主题研讨会、汇报实践心得体会。

第三节 实践教学设计

引导学生开展探究式学习，从查询相关资料开始，设计问题并带着问题查找资料，设计出具有各自小组特色的实践活动方案，明确每位组员的具体分工。

一、查询资料、设计方案

小组在参观前查询资料，了解北京香山革命纪念地和"一二·九"运动运动纪念亭的有关史实，根据各自组员所长，设计出实践活动方案，明确每位参与实践的成员在实践活动中的具体分工。

二、实地参观、情景体验

1. 香山革命纪念地

中共中央在北京香山停留虽然只有半年的时间，但在这里，党中央吹响了解放全中国的号角，确立了新中国的国体政体、描绘了建设新中国的宏伟蓝图。中国共产党在香山作出一系列伟大的战略部署，香山革命纪念地也是见证新民主主义革命取得伟大胜利的重要地点。面积达 6000 平方米的"为新中国奠基——中共中央在香山"主题展览，呈现了中共中央在香山期间领导全国各族人民完成民族独立和人民解放历史使命、开启中国历史发展新纪元的光辉历程。因此，在第二章"新民主主义革命理论"学习完成的基础上实地参观考察香山革命纪念地，能让学生深刻感知新民主主义革命理论的正确性、现在幸福生活的来之不易。

2. "一二·九"运动纪念亭

"一二·九"运动后，中国共产党组织参加这场爱国运动的青年学生骨干在北京樱桃沟举办了三期夏令营，先后有五六百青年学生进行了抗日救亡斗争的军事训练。两位参加夏令营的青年学生在一块石头上镌刻了"保卫华北"四个大字，后来人们在修建北京植物园的过程中发现了这块石头。为了铭记这段历史，1985 年，由共青团北京市委员会和北京市学生联合会募捐建造，"一二·九"运动纪念亭在北京植物园樱桃沟景区落成。在第二章"新民主主义革命理论"学习完成的基础上，组织学生实地参观"一二·九"运动纪念亭，能帮助学生深刻理解这场学生爱国运动在冲破国民党反动统治，揭露日寇的侵华野心，推动"停止内战、一致抗日"口号深入人心，促进民族觉醒中发挥的重要作用。让学生明白"一二·九"运动是全国抗日救亡运动新高潮的起点，为抗日战争做了思想上干部上的准备。由此激发当代青年学生的爱国热忱。引导他们传承"一二·九"运动的光荣传统：坚持为国家和民族利益献身的革命精神，以及党的领导和"以人民为中心"的初心使命，为中国特色社会主义建设服务。

三、翻转课堂、举办展览

新民主主义革命理论是《概论》课教学中最基本的理论之一。从马克思主义中国化理论成果的形成和发展过程来看，首先形成新民主主义革命理论，然后形成社会主义改造理论。在社会主义制度基本确立后，对社会主义建设道路进行探索并逐步形成了中国特色社会主义理论。学好本章内容对于理解和掌握毛泽东思想，对于理解和把握马克思主义中国化几大理论成果继承与发展的内在逻辑联系，具有十分重要的作用。①

学生在系统学习完"新民主主义革命理论"后在教师的指导下，此部分我们主要采取"问题引导-观看视频-问题解决"的翻转课堂教学模式，使教学知识多次进行内化。经过对红色景点的"实地参观、情景体验"，把所学的理论知识与实践体验收获结合起来，查询相关资料，以教材内容为依据，以"中国共产党为什么能从小到大、从弱到强，中国革命为什么能从胜利不断走向胜利？为什么能在其他各种势力和各种主义都失败的情况下，找到中国革命的正确道路？为什么能一举推翻帝国主义、封建主义、官僚资本主义三座大山？为什么能走出'山沟沟'、走向全国执政？"② 为主题，以朋辈"学生讲思政课"的形式开展学习，收集图片资料，绘制思维导图，制作实践展板。

四、活动反思、主题研讨

新民主主义革命理论适应实践需要，不断认识总结中国革命经验教训。

---

① 程美东."毛泽东思想和中国特色社会主义理论体系概论"课教学建议［M］.北京：高等教育出版社，2019：16.
② 毛泽东思想和中国特色社会主义理论体系概论［M］.北京：高等教育出版社，2018：19.

　　中国共产党自成立起就从事革命斗争实践，并分析中国社会和革命的实际问题，总结斗争经验，探索领导中国革命走向胜利的道路。新民主主义理论的探索过程充满了曲折和艰辛，而在和平时代长大的当代大学生仅通过课堂理论教学的知识传授，很难真切感受到这样的苦难辉煌。所以，因此，学生要在现场参观的基础上，结合教材内容，收集过程材料、举办实践展览，最后再带着问题举行"活动反思、主题研讨"，深化和巩固实地参观的收获。

　　曾为党中央所在地的北京香山革命纪念地于 2019 年国庆前正式对外开放。2019 年 9 月 12 日，习近平总书记在视察香山革命纪念地时指出："中共中央在北京香山虽然只有半年时间，但这里是我们党领导解放战争走向全国胜利、新民主主义革命取得伟大胜利的总指挥部，是中国革命重心从农村转向城市的重要标志，在中国共产党历史、中华人民共和国历史上具有非常重要的地位。"① 北京香山是新民主主义革命收官、社会主义建设开局之地。中共中央在香山期间领导全国各族人民取得了新民主主义革命的胜利、完成了人民解放的历史使命、开启了中国历史发展新纪元的光辉篇章。研讨题目可以围绕以下两个方面展开：一是中国共产党人是如何走好"进京赶考"路的？二是新民主主义革命理论具有怎样的当代价值？

　　毛泽东同志指出："所谓政治，就是把拥护我们的人搞得多多的，把反对我们的人搞得少少的。"② 在中国共产党领导的抗日民族统一战线指引下，中国人民进行波澜壮阔的全民族奋起抵抗外来侵略的战争，取得了近代以来抗击外敌入侵的第一次完全胜利。"一二·九"运动是在中国共产党组织和领导下的一次伟大的抗日救国运动，推动了抗日民族统一战线的建立。中国共产党领导的统一战线已经走过了近百年的风雨历程，始终与中国的国情紧密相连，在中国革命、建设、改革各个历史阶段都发挥了重要作用。中国特色社会主义进入新时代，要实现奋斗目标、"中国梦"，必须进一步发挥统一战线凝聚共识、凝聚人心、凝聚智慧、凝聚力量等重要

① 习近平视察北京香山革命纪念地［EB/OL］. 中共中央党校网站，2019-09-12.

② 习近平. 在中央政协工作会议暨庆祝中国人民政治协商会议成立 70 周年大会上的讲话［EB/OL］. 共产党员网，2019-09-20.

作用。面对当今社会复杂的利益关系和多元化价值观念，统一战线要谋求最大公约数，画出最大同心圆。研讨题目可以围绕两个方面展开：一是为什么统一战线是中国共产党领导中国革命战胜敌人的重要法宝？二是新时代统一战线的现实意义是什么？怎样体现？

第四节 实践教学形式

实践教学活动基于第二章"新民主主义革命理论"，重点在于帮助学生理解和体会新民主主义革命理论的正确性、新民主主义革命胜利过程的艰辛性、中国革命必须由中国共产党领导才能取得胜利的必然性，并在此基础上更加明了新民主主义革命能够胜利的原因。本章的实践教学活动形式如下：根据选题、围绕主题，由各小组组长以小组为单位组织小组成员集体学习参观地点的相关历史知识；实地参观；根据参观前的知识学习和实地参观所获举办展览或设计黑板报；开展主题研讨会。

第五节 实践教学思考

实践教学活动是一项系统工作。查询资料、设计方案、实地参观、情景体验、翻转课堂、举办展览、活动反思、主题研讨等各部分相互联系、相互作用，构成了实践教学活动的有机整体。相比香山革命纪念地，"一二·九"运动纪念亭现场能够提供的参观内容尚不丰富。但是，如果能将实践教学活动视为一个有机体，就能发现，本章的实践教学活动既包括实地参观，又包括其他若干环节，每一个实践环节都很重要，其他几个环节能帮助提高实地参观的广度和深度，有助于学生运用理论知识分析问题。在理论教学时，由于课时紧张，统一战线这部分内容安排的时间不够充足，通过实践教学活动环节，正好可以弥补。同时，要加强校外实践、校内实践和网络实践的协同集成，努力建构"三维一体"的新型实践教学模式，推动实践教学长效发展。

第六节 实践教学考核

一、实践教学成果

（1）每个小组制作一个不少于十分钟的微视频。视频内容应包括对"一二·九"运动和香山革命纪念地的介绍、小组在参观前学习了解"一二·九"运动和香山革命纪念地的实录、当天的参观内容和考察情况、学习感想等。

（2）按小组填写实践教学活动表格，每位同学签名后由各组组长上交班级课代表（同时提交实践活动实录活动记录）。

二、实践教学成绩

以小组为单位按参与人员表现进行赋分；实践教学成绩占总评成绩的30%；每人必须参加并完成任务。

作者简介：胡茜，首钢工学院马克思主义学院副教授、哲学硕士。

第三章

社会主义改造理论

第一节　实践教学目的

"新民主主义革命理论"这部分实践教学设计，应该围绕社会主义改造的历史背景，让学生明白社会主义改造的必然性及社会主义过渡时期的必要性，了解从新民主主义向社会主义转变是历史和人民的必然选择；理解社会主义制度在中国确立的巨大意义；把握社会主义改造与社会主义改革的历史关联和本质区别。

一、认知目标

（一）认知社会主义改造的历史背景及其必要性

为什么要进行社会主义改造？了解社会主义改造的历史背景和现实意义，社会主义改造理论的形成和内容。了解社会主义改造对确立社会主义基本制度的重大意义。

（二）认知新民主主义社会的性质

把握新民主主义社会的性质，为什么说新民主主义不是一个独立的社会形态，而是一个过渡性的社会？新民主主义过渡时期总路线提出的理论依据是什么？

（三）了解社会主义改造和社会主义改革之间的区别和联系

了解社会主义改造和社会主义改革的性质、目的和主要内容，把握两者之间的共同点和不同点。正确看待社会主义改造和社会主义改革的历史地位和辩证关系，涉及社会主义建设发展的正确认知问题，应当运用历史唯物主义的观点，既"不能用改革开放后的历史时期否定改革开放前的历史时期，也不能用改革开放前的历史时期否定改革开放后的历史时期"。

二、能力目标

引导学生学会搜集史料，收集学术文献资料、提炼主要观点、把握论证脉络，能够在把握"社会主义发展史"脉络的基础上，客观认识社会主义改造，提高自主学习能力。

培养学生运用马克思主义基本立场观点方法分析重大历史问题的能力，体会到"真理不辩不明、越辩越明"的重要性。

在实践教学中，养成问题意识，能够运用理论思维和辩证思维发现问题、分析问题和解决问题，学会对比研究问题的方法。

三、成果目标

加深理解社会主义改造对于中国确立社会主义制度的重大历史意义，全面、客观、历史辩证地评价社会主义改造。

深入理解社会主义改造和社会主义改革之间的关系，通过对比分析，让学生掌握历史唯物主义观点和方法，对历史变革的评价，必须在特定环境下考虑历史条件。社会主义改造和社会主义改革，虽然在指导思想、方针政策、实际工作上有很大差别，但是两者既不割裂也不对立。既不能用社会主义改革否定社会主义改造，也不能用社会主义改造否定社会主义改革。社会主义改造和社会主义改革都是遵循社会的发展规律，调整矛盾，大力促进生产力的发展。

第二节 实践教学设计

尊重历史，尊重社会发展规律，是学习本章内容的关键。在教学设计中，要充分利用好"翻转课堂"，课前布置学生利用图书馆、网络平台和历史博物馆搜集资料，根据教材内容丰富自己对社会主义改造时期的认知，了解社会主义制度形成的过程。运用唯物史观、辩证思维，提升学生比较分析问题的能力，是本章实践教学设计的基本路径。本章的理论授课在课堂上完成后，由学生进行分组，设计社会主义改造与社会主义改革比较活动，活动形式不限，可以以思维导图、图表对比，也可以以拍摄资料和图片对比，最后以学生为主体，小组为单位，集中讲解和展示。

第三节 实践教学形式

（一）翻转课堂

对学生分组，指定阅读书目，采用读书对话交锋的方法，认真把握改革开放两个时期重要节点："社会主义改造"与"社会主义改革"的历史意义和辩证关系。阅读《创业史》《山乡巨变》《小岗村 40 年》《变革中国》，观看《龙须沟》《三年早知道》《花好月圆》《月亮湾的笑声》《十八洞村》等电影，了解我国农村生产力与生产关系矛盾运动发展的变化状况，社会主义新农村的演化过程。

通过搜集各种历史资料，参观历史博物馆，观看《九九归一》等相关年代影视剧，了解社会主义改造中对资本主义工商业实行利用、限制、改造的政策，逐步把生产资料的资本主义私有制改造成为社会主义的公有制。三大改造到 1956 年完成，它使我国的经济结构、阶级关系发生了根本变化。

（二）制作课件和思维导图，开展比较研究

1. 翻转课程

以小组为单位，通过翻转课堂，让小组同学在课堂展示自己的 PPT 和研讨成果，陈述小组对社会主义改造的认识，比较社会主义改造和社会主义改革的过程和结果。

2. 组织辩论会

运用辩论会的形式。反方将错误观点集中全面陈述，正方则逐一充分驳斥错误观点，辩论会的评委可以由思政课教师来担任，也可以邀请参与社会主义改造、社会主义改革的典型人物进行现场点评讲解。

3. 现场总结

将同学们阅读和讨论没有看到、讲到的部分补充完成，将同学们认识还不到位的部分进行理论提升，将同学们认识略微偏颇的部分进行校准，引导同学们思考深入、走向历史细节的同时又要建立历史视野、把握大局、站稳立场。

4. 提炼陈述重要观点

社会主义改造的必要性学习认知：中国近代的国情决定中国革命必须分两步走，第一步是新民主主义革命，第二步是社会主义革命。新民主主义社会不是一个独立的社会形态和制度，它属于社会主义范畴，是一个"过渡时期"。新民主主义革命的续篇只能是社会主义革命，这是历史的选择。因此，在完成了土改和国民经济恢复任务后，迅速地、直接地转入社会主义改造是顺理成章的。把个体农业生产资料私有制改造为社会主义集体所有制，把个体手工业转变为社会主义劳动群众集体所有，通过国家资本主义的形式，将民族资本主义经济逐步转变为社会主义经济，通过社会主义改造，在理论上和实践上丰富和发展了马克思列宁主义的科学社会主义理论，极大地促进了工、农、商业的社会变革和整个国民经济的发展。最为重要的是：实现了把生产资料私有制转变为社会主义公有制的任务。政治上社会主义的基本制度在我国初步建立；经济上社会主义计划经济在我国基本确立；为我国的社会主义工业化开辟了道路；从此进入社会主义初级阶段。可以说，社会主义改造是中国历史上最深刻的社会变革。

社会主义改革的必要性学习认知：邓小平同志曾经指出改革是中国的第二次革命。实践已充分证明，其革命性意义是极其巨大而深刻的，正如党的十七大报告指出的："中国人民的面貌、社会主义中国的面貌、中国共产党的面貌发生了历史性变化。"改革开放是党领导下的伟大革命，是决定当代中国命运的关键一招，也是实现"两个一百年"奋斗目标、实现中华民族伟大复兴的现代化目标的关键一招。

结论：不能因为社会主义改造出现的失误和偏差来否定社会主义改造的重要性。

实践教学对应的环节：（1）具体分析社会主义改造后期出现的"过快""过急""过粗"的问题，通过实践理解如何调动在特定历史时期"个体"与"集体"的积极性。参考阅读《山乡巨变》，分析不同人物对待农业合作社的立场态度。（2）社会主义改造与社会主义改革的比较研究

案例1　社会主义改造与社会主义改革的对比表

表3-1　社会主义改造与社会主义改革的对比表

	不同点	相同点	联系
社会主义改造	追求单一的公有制和高度集中的计划经济体制。目的是实现新民主主义社会向社会主义社会的过渡，从而建立社会主义基本制度	根本目的都是解放生产力，发展生产力。根本性质是相同的，都是中国共产党领导全国人民奋斗的伟大历史进程和大胆探索。社会主义改造和社会主义改革的历史地位同等重要	社会主义改造为社会主义提供了理论和实践的准备，社会主义改革不是对社会主义改造的否定，而是对社会主义改造的继承和发展。二者相辅相成，缺一不可，统一于建设中国特色社会主义的伟大实践中
社会主义改革	允许公有制为主体多种所有制成分并存，实行社会主义市场经济。目的是完善社会主义制度		

（来源：北京青年政治学院2019级国际学院出入境服务与管理专业，程悦、李媛

媛、冯可欣、杨明慧同学提供)

案例 2　实践活动计划书

阅读改革开放的重要历史文献及观看电影《十八个手印》《高考1977》，电视剧《历史转折中的邓小平》《老农民》等、纪录片《我们走在大路上》，通过理性思维和感性认知，丰富对改革的认知。

表 3-2　活动安排表

活动安排	活动内容	预期目标	活动分工
一	文献综合阅读比较、相关报告文学小说影视作品观赏	对社会主义改造形成丰富的感性和理性认知	个别阅读和分组读书交流的形式
二	辩论会	集中提炼和整理错误观点，把握其错误根源	通过指定或者抽签分成正方反方
三	教师（或亲身参与或参加社会主义改造的亲历者）进行总结点评	丰富认知视角，补充必要信息，提升认知层次	教师做好点评准备，或联系好亲历者并做好沟通
四	布置同学写实践教学活动总结	完成理论批判的完整环节	个别完成，收齐后进行批阅，对于仍存在的认知偏颇进行典型性讲评

第四节　实践教学思考

社会主义改造对于社会主义制度的确立具有重大历史意义，然而历史已经远去，对于同学们而言，教材的内容比较陌生，对于社会主义改造就有比较大的隔阂感，相对于改革开放发展史，在理解上容易存在偏差。实践教学设计既要加强对新民主主义革命理论和社会主义改造的认知，又要把握社会主义改造与改革的辩证关系，深入理解改造时期的资本主义工商业改造和改革开放时期社会主义市场经济中引进外资、允许非公有制经济形式存在、发挥资源配置决定性作用的本质区别，通过本次实践活动设计，通过集体阅读、讨论、辩论的形式，认识社会主义改造的历史背景，前提，方法，步骤，成效，无论是改造还是改革，都是为了实现中华民族伟大复兴，实现共同富裕的目标，最终实现发达的社会主义而进行的适合中国国情的变革。

第五节　实践案例总结

在如何看待改革开放前后两个阶段两个时期的关系问题上，历来就有两种形而上学的错误。在实践教学中通过研讨、小组辩论和观点展示，让学生正确看待中国社会主义道路和中国模式。

辩论中，让学生摈弃两种错误观点：

一种是用今天来否定过去，用社会主义改革否定社会主义改造，提出了公有制不利于经济发展等错误观点。其错误主要在于，割断历史，割断联系，用形而上学的观点看待历史，把社会主义改造中过急、过快出现的问题视同社会主义制度本身的缺陷，认为社会主义改革是对社会主义改造的纠正。

另一种观点就是用过去否认现在，针对部分问题否定改革成果，实际就是形而上学的僵化的不变的观点在作怪。用僵化的观点看待，甚至站在改革对立面，怀疑和否定改革开放。在市场经济飞速发展的今天，依然僵化保守，把社会主义等同于完全公有制，等同于消灭私有制，对发展非公有制经济一直心存疑虑，怕走了资本主义道路。但是如果经济长期得不到发展，人民生活水平得不到有效提高，结果就是失信于民，失去民心民信，最终的结果就是亡党亡国。

通过实践教学活动，应使同学们达到上述认识高度，完成预期实践目标。

第六节　实践教学建议

提出的实践教学建议如下：

（1）推荐参考阅读书目，通过扎实的课外阅读为对话辩论提供前提。

（2）关键问题需要教师及时指导点拨。

（3）可以通过历史场景参观访问和参观改革开放来增加感性认识。

作者简介：祝大勇，现为河北农业大学马克思主义学院副教授，硕士生导师，毕业于清华大学马克思主义学院，获博士学位。

作者简介：周颖，北京青年政治学院马克思主义学院教授、副院长，毕业于清华大学马克思主义学院、法学博士。

第四章

社会主义建设道路初步探索的理论成果

第一节　实践教学综述

思想政治理论课实践教学以认识客观世界、改造主观世界、优化主体素质为出发点，具有丰富理论教学的实践性和应用性，逐渐成为提升思想政治论课实效性的重要途径，实践教学既是理论教学的有益补充，又是完善理论教学不可分割的有机构成，每一环实践教学的设置都应契合教材体系和课程内容。以《毛泽东思想和中国特色社会主义理论体系概论》第四章"社会主义建设道路初步探索的理论成果"内容为例，自 2013 版教材将 2010 版教材的一节"中国特色社会主义建设道路的初步探索"单独成章以来，各高校越来越能够对以毛泽东为代表的共产党人探索社会主义道路的成就和曲折形成客观认知。而对这一认知的进一步深化，不仅需要理论教学的逐层分析，也需要实践教学的躬行体认。

第二节　实践教学目标

思想政治理论课的实践教学活动存在教学空间上的开放性和"未完成性"，在理论教学帮助学生认识世界的基础上，注重提升学生的实践思维、实践能力和实践行为，旨在实现学生马克思主义世界观与方法论的内在融通。就"社会主义建设道路初步探索的理论成果"这一章节而言，实践教学活动的目的如下：

一、认知目标

帮助学生深刻领会社会主义建设道路初步探索时期取得的重要成果。以毛泽东为主要代表的中国共产党人在探索社会主义道路的过程中，建立了比较完整的工业体系和国民经济体系，形成了关于在中国建设社会主义的重要理论，为改革开放后中国特色社会主义的开创和发展提供了重要的思想资源。要帮助学生深刻领会其中的重要成果，尤其是理论成果。

帮助学生正确认识改革开放前后两个历史时期的关系。改革开放前后两个历史时期的关系实际上是中国共产党人在探索社会主义道路过程中的不同努力。要帮助学生在正确认识社会主义道路初步探索时期的重要成果的基础上，形成对于改革开放前三十年后四十年的发展的辩证看待。

帮助学生科学分析社会主义道路初步探索时期的经验教训。初步探索时期在正确的理论探索和错误的具体实践方面存在着一些偏差，要帮助学生理解出现失误的原因，找到新时代中国特色社会主义深入发展的经验启示，同时防范历史虚无主义者立足于初步探索中的失误否定以毛泽东为主要代表的共产党人的探索贡献。

二、能力目标

提升辩证思维能力。社会主义道路初步探索时期有重要成果也有教训启示，能否在成果与教训之间形成对于特定历史时期的全面分析，能否在此基础上正确认知改革开放前后两个历史时期的关系，能否区分开以毛泽东为主要代表的共产党人的探索贡献和这一时期出现的失误曲折，将会成为衡量实践教学活动实效性的关键所在。

增强实践参与能力。实践教学是改造学生主观世界、强化学生主体地位的教学活动，以激励学生主动参与和主动思考为特征，寓教于行，寓理于行，加强提升学生的实践意识、实践参与和实践能力，使其形成对于国家、对于历史、对于民族的理论认同。

三、成果目标

中国特色社会主义道路的形成是一个长期的艰难曲折的探索过程，进行社会主义建设道路初步探索所取得的理论成果为建设社会主义提供了宝贵经验、理论准备和物质基础。因此，要让同学们充分感受到这一时期的艰难探索和重要成果。

（1）在课堂理论学习之外，通过代表性著作文本的搜集，找到对于以毛泽东为主要代表的共产党人在各自领域的分别贡献，并且整理成册。

（2）在进行理论的挖掘和探究之后，进行主题研讨形成分析报告。

（3）在形成分析报告的基础上，分析失误形成启示，并且形成行之有效的措施。

第三节　实践教学设计

此次实践活动依据学生认识问题、分析问题、解决问题的学习规律，将文本理解与实地参观相结合，将全面总结和重点研讨相结合，将历史经验与现实发展相结合，将研究讨论与具体落实相结合，通过对于学生在实践活动的持续性锻造和对于学生实践品格的持续性锤炼，使得新时代大学生成为中华民族伟大复兴的合格的参与者、建设者、见证者。

一、以感悟文本、举办展览的方式，强化认识初步探索时期的理论成果

新中国成立后，如何在一个脱胎于半殖民地半封建社会，且惨淡的一穷二白的国家开展各方面的经济建设，对于中华民族而言是前所未有的难题。以毛泽东为主要代表的共产党人在没有任何经验可循的基础上进行了艰难探索，最终形成了重要的理论成果，为中国特色社会主义的开创提供了重要的思想基础。因此，本部分以第四章第一节"初步探索的重要理论成果"为教材依据，以毛泽东的《论十大关系》《关于正确处理人民内部

矛盾的问题》为文本切入点，以"调动一切积极因素为社会主义事业服务""正确认识和处理社会主义社会矛盾的思想""走工业化道路的思想"为理论挖掘点，通过学生自主搜集文本、整理材料并统筹布局，形成关于初步探索的理论展览。

二、以实地参观、情景体验的方式，深入体验初步探索时期的建设成就

新中国从开始全面建设社会主义以来虽然经历了曲折，但是总体而言社会主义建设取得的成就也是巨大的。建立了比较完整的工业体系和国民经济体系，使得新中国在赢得政治上的独立之后赢得了经济上的独立，为新中国以后的发展奠定了牢固的物质技术基础，也为新中国同世界各国在平等互利的原则下发展对外贸易和经济往来创造了前提。而对建设成就尤其是工业体系和经济建设成就的体验程度直接影响着能否客观认识改革开放前三十年对于后四十年的重要作用。因此，在对于第四章第二节中"初步探索的意义"的理论学习基础上，实地参观初步探索时期的工业建设，比如北京地区的798艺术区，保定西郊八大厂等。以直观的冲击力和对情境的感受力认识初步探索时期的工业成就，实地参观要带着问题去，比如，此类工业发展何以没落，另一类工业发展何以重生等。

三、以活动反思、主题研讨的方式，集体总结初步探索时期的重要成果、经验教训及现实启示

对于社会主义初步探索时期的成就和教训应该全面且辩证地看待，无产阶级革命胜利之后，特别是东方国家革命胜利之后的发展阶段和发展过程，马克思主义经典作家并没有具体地描绘，这无疑考验着中国共产党在新的历史条件下领导人民建设的执政能力。彼时对于苏联模式的单一公有制、指令性计划经济等进行反思，确实实现了对于教条的突破，提出了颇符合中国国情的社会主义建设思路和设想，但遗憾的是探索的理论并不成熟、实践活动也未完全贯彻。究其原因主要是对于共产主义要建立在高度发达的生产力基础之上与中国生产力相对落后的基本国情的认识不够深刻，对于什么是社会主义的认识不够准确，这也就形成对于改革开放之后思考社会主义本质的理论呼唤。而对这一认知的总结，需要依托第四章第二节"初步探索的教训"，根据理论展览和实地参观的主体感受，开展细化的主题讨论。主题可以围绕三个方面展开，一是初步探索时期出现失误的历史教训。二是能否因为初步探索中出现的失误和曲折而否定毛泽东等领导人的探索成果。三是这些教训对于改革开放之后中国特色社会主义的开创和新时代中国特色社会主义深入发展的历史启示。

四、以问题整理、形成提案的方式，突出学生在受教育过程中的主体性

实践教学是理论教学的延伸，学生作为受教育主体，感受到中国化马克思主义的强大生命力和现实解释力，主动探索世界，推动思想政治理论课从传统灌输式向现代情境体验式、问题启发式转变。由此，依托第四章全部内容和前面三项活动的具体开展，基于初步探索的成就尤其是教训，根据学生认识问题、分析问题、解决问题的认知规律，根据我国的政权组织形式，尤其是人民代表大会和人大代表的重要作用，尝试探讨：如果你（学生）是一名 1964 年的人大代表，面对彼时国家发展面临的问题会提出什么样的工业发展提案；同时探讨：如果你（学生）是一名 2019 年的人大代表，基于历史发展的经验和教训，又会提出什么样的经济建设提案。

第四节　实践教学形式

实践教学活动基于第四章"社会主义建设道路初步探索的理论成果"，重点在于理解和体验初步探索的理论成果和建设成就，并且基于此分析出现失误的原因教训，形成对于改革开放前后两个历史时期关系的科学认知。具体的实践活动可以简单概括为"四个一"模式。

一、推出一次理论展览

1. 时间："社会主义建设道路初步探索的理论成果"课堂理论讲授之后

2. 地点：教学楼入口处

3. 类型：理论理解学习

4. 步骤：

第一步，搜集材料。

一方面，搜集《论十大关系》的原始文本、《关于正确处理人民内部矛盾的问题》的原始文本、周恩来关于经济建设和经济计划的报告、刘少奇关于宪法制定和关于经济管理体制的意见、朱德关于军队建设和关于解决经济困难的意见、陈云"三个主体、三个补充"的具体理念。

另一方面，搜集习近平同志的重要讲话，尤其是关于纪念以毛泽东为代表的共产党人诞辰座谈会上的讲话。包括《在纪念毛泽东同志诞辰 120 周年座谈会上的讲话》《在纪念陈云同志诞辰 110 周年座谈会上的讲话》《在纪念朱德同志诞辰 130 周年座谈会上的讲话》《在纪念刘少奇同志诞辰 120 周年座谈会上的讲话》等。

第二步，整理材料。

总结各位领导人在各领域的具体探索中所形成的理论贡献，总结习近平总书记关于各位领导人的总体评价和生平贡献，从而形成对于各位领导人在具体探索过程中的科学认知，也形成不因为发生错误和曲折而否定毛泽东等领导人的宝贵贡献的历史认知。

第三步，制作展板并进行展览。

按照领导人的各自贡献分块进行展板制作并且进行展览。

二、组织一次实地参观

1. 时间：理论展览推出之后

2. 地点：北京 798 艺术区、保定西郊八大厂等工业建筑群等适应性地点

3. 类型：实地体验学习

4. 步骤：

第一步，寻找所在城市或者邻近城市在十年建设时期的工业建筑群。

第二步，进行实地参观，思考工业建设及其代表的经济发展对于改革

开放的影响。

三、展开一次主题研讨

1. 时间：推出理论展览、组织实地参观之后

2. 地点：教室

3. 类型：问题研讨学习

4. 步骤：

第一步，确定研讨主题。一是初步探索时期出现失误的原因和教训；二是能否因为初步探索中出现的失误和曲折而否定毛泽东等领导人的探索成果。三是这些教训对于改革开放之后中国特色社会主义的开创和新时代中国特色社会主义深入发展的历史启示。

第二步，形成研讨报告。

四、设计一次模拟提案

1. 时间：推出理论展览、组织实地参观、开展主题研讨之后

2. 地点：教室

3. 类型：模拟场景学习

4. 步骤：

第一步，确定提案方向。探讨如果你是一名 1964 年的人大代表，会基于当时的现实条件提出什么样的工业发展提案。探讨假如你是一名 2019 年的人大代表，会基于历史发展的经验和教训，提出什么样的经济建设提案。

第二步，模拟人民代表大会召开。

第五节 实践教学思考

实践的观点是马克思主义哲学的首要的基本观点，习近平总书记曾提出，要坚持理论性和实践性相统一，用科学理论培养人，重视思政课的实

践性。实践教学帮助学生树立起对客观世界的正确认识，将其放到社会关系的大环境中，提升受教育者运用马克思主义立场、观点和方法解决实际问题、服务现实社会的能力。而这也是《毛泽东思想和中国特色社会主义理论体系概论》旨在培养学生认识问题、分析问题并解决问题的能力目标所在。但是就实践教学目前的发展状态而言，还存在着形式内容不丰富、主体作用发挥不够、经费支持不足、各方面协同配合不充分等一系列的问题。

第六节　实践案例总结

考虑到实践教学目前的发展困境，本次实践案例的设计基于课堂理论教学的基础，探索了实践教学的具体方案，旨在培养学生对于特定历史阶段的科学把握和实践参与的能力。第一，采用理论展览的方式，拓展了理论学习的外延，丰富了理论学习的内涵，使得对于理论的学习不再局限于课堂灌输，而是采取有重点有方向的深入研究，推动理论的情景再现。第二，采用实地参观的方式，能够实现理论与实践的交相辉映，从而在实地的冲击感中把握历史脉络。第三，采用主题研讨的方式，有主题有方向地展开关于理论学习困惑和实地参观感受的总结反思，提升分析问题的能力。第四，采用模拟提案和模拟场景的方式，强化学生在受教育过程中的主体意识，提升学生对于国家富强、民族复兴和人民幸福的责任感和使命感。

第七节　实践教学建议

一、增强部门协作能力

教学案例的推广和实践教学的实施是一个协同发展的过程，需要各方面的配合与支持。一方面要发挥好思政课教师与新时代大学生的双主体作用，激发教师的积极性，提升学生的参与度；另一方面要协调好学校机关与地方党政部门的工作，为实践教学活动的安全顺利开展提供有力保证。

二、解决经费来源

无论是展览的推出还是实地参观的开展都需要资金的充分保障，这是保证展览和参观效果的物质支撑。

三、优化教学考核方式

实践教学的开展涉及学生成绩评定和教师的教学考核，需要优化教学环节的考核方式，将过程考核融入最终考核。

作者简介：祝大勇，现为河北农业大学马克思主义学院副教授，硕士生导师，毕业于清华大学马克思主义学院，获博士学位。

赵然，河北农业大学马克思主义学院讲师，研究方向为马克思主义中国化。

第五章

邓小平理论

邓小平理论是改革开放的逻辑起点，以邓小平为主要代表的中国共产党人，顺应时代潮流，实现伟大历史转折，开辟了中国特色社会主义道路，开启了中国从站起来走向富起来的新征程。通过实践教学，让学生在当代中国的历史巨变中感受邓小平思想的历史地位，了解新时期党和国家全部理论和实践的主题意义，以及对新时代全面深化改革全面深化开放伟大实践的重大影响。

第一节　实践教学目的

一、认知目标

1. 邓小平理论形成的划时代意义

结束了"十年浩劫"的动荡，中国国民经济得以恢复，清醒认识到和平与发展是当今世界的主题，在总结社会主义胜利和挫折的历史经验上，借鉴其他社会主义国家经验教训基础上，开启了中国特色社会主义道路的新征程。

2. 邓小平理论的形成过程

用各种实践形式展示讲解中国共产党召开的各届代表大会的主题和重要内容，通过党的代表大会的历史脉络，把握邓小平理论的形成过程。

3. 邓小平理论的主要内容和理论框架

重点把握改革开放，把握改革是中国的第二次革命。切实认识到改革开放给中国人民生活带来的巨大变化，改革开放是中国共产党领导的第二次革命，把经济落后的社会主义中国变成了一个现代化的社会主义国家，它是社会主义制度的自我完善和发展。改革是社会发展的直接动力。社会主义的基本矛盾仍然是生产关系和生产力、经济基础和上层建筑之间的矛盾，改革促进生产力的发展。判断改革和各方面工作的是非得失的标准是三个"有利于"标准，即是否有利于发展社会主义社会的生产力、是否有利于增强社会主义国家的综合国力、是否有利于提高人民的生活水平。

二、能力目标

结合时代主题和中国改革开放的实践，提高改革开放认知能力；有比较分析的能力，从对改革开放到全面深化改革开放的对比分析中，把握邓小平理论改革开放的意义以及对习近平新时代全面深化改革理论与实践的深刻影响。

社会实践教学中，采取分工合作的办法，促使学生相互学习，相互交流，相互分享所得，促进学生知识交流，培养学生团结协作精神，体会到交流的、合作的重要性。

社会实践教学中，采取文献资料查找和实地调研相结合的办法，锻炼学生搜索、解读资料能力、归纳总结能力和人际交往能力，充分发挥与释放学生的自主能力。

三、成果目标

在实践中感受40多年以来改革开放给国家、社会和人民生活带来的发展和变化，让大学生切身感受了改革开放后我国取得的辉煌成就，增强了民族自豪感、自信心和国家荣誉感，坚定改革开放的方向。

在实践中感受40多年来国家、民众不断前进，从而自觉传递改革开放精神和继续坚持改革开放的自信心，做改革开放的实践者和拥护者，坚定走中国特色社会主义道路。

在实践中理解"改革永远在路上"的深刻内涵，在改革中面临哪些机遇和挑战，面对改革中的难点和险滩，大学生如何攻坚克难，肩负责任与使命。

第二节　实践教学设计

一、邓小平理论的形成

1. 围绕"什么是社会主义，如何建设社会主义"这一中国特色社会主义理论的主题，设计实践教学思路，让学生明确党的实事求是思想路线确立的重要性

布置观看《商业大时代》《开头那些日子》《月亮湾的笑声》《十八个手印》等电影，推荐学生业余阅读伤痕文学，通过观影和阅读历史、文学作品，让学生了解我国社会主义建设的曲折经历和失误教训，例如"文化大革命"给党、国家和人民带来的严重灾难；在历史的紧要关头，党和国家开始拨乱反正；党的十一届三中全会以后，党领导带领全国人民，纠正"左"的思想束缚，解放思想、实事求是，回到以经济建设为中心的正确轨道上来。

2. 通过参观改革开放四十年展览馆、相关图片展，来深入了解改革开放和现代化的实践，从一幅幅鲜活的画面佐证邓小平理论形成的现实依据

合理利用各地实践教学资源，带领学生分期分批现场考察和实地教学。例如浙江等地的学生可以组织去浙江工商大学参观浙商展览馆，感受从浙商三代人的成长历程折射出中国改革开放的历史变迁；安徽及附近省份院校可以组织学生参观安徽省凤阳小岗村，感受农村改革的重大意义，深化改革过程中小岗村的今非昔比；组织学生观看深圳改革开放四十周年展览，通过虚拟场馆和视频展示，引导学生思考，为什么说"改革是中国的第二次革命"？当年的小渔村如今变化巨大，成为最年轻的具有创新活力的国际化大都市，是"解放思想、实事求是"最经典的写照。

3. 参观北京电影博物馆和汽车展览馆

现场教学，通过电影史和中国汽车制造的更新换代感受中国社会主义建设的巨大成就。

二、邓小平理论的主要内容

1. 邓小平理论架构思维导图

这部分是本章的重点和核心内容，逻辑性和理论性比较强，在讲解邓小平理论内容过程中，依据思维导图的逻辑线索展开。启发学生思考和回答问题，布置学生做邓小平市场经济理论思维导图。

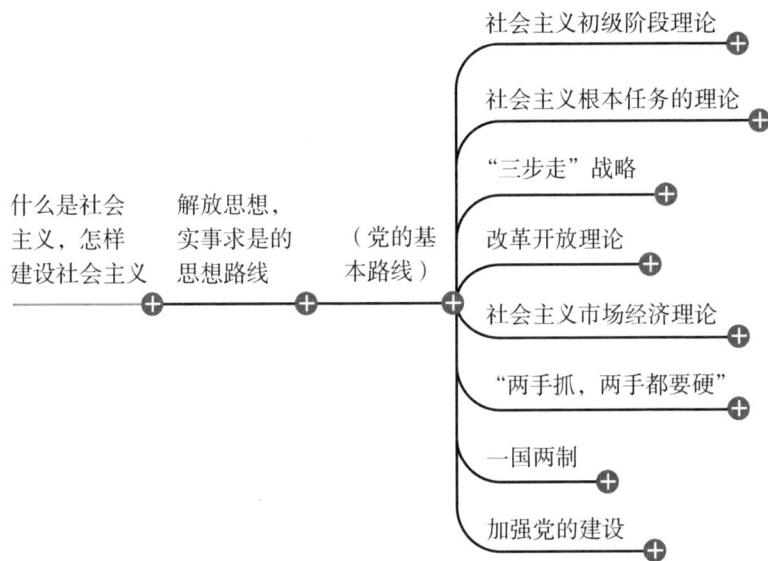

图 5-1　邓小平理论架构思维导图

邓小平理论与习近平新时代中国特色社会主义思想是一脉相承的，邓小平理论的基本框架从点到线，从线到面，涵盖了经济、政治、文化建设各方面，邓小平理论提出的一系列关于中国特色社会主义的发展道路、发展阶段、发展战略、根本目的、根本任务、发展动力、依靠力量、国际战略等重要思想，是完整科学的理论体系，是中国特色社会主义理论体系的开篇之作，为习近平新时代中国特色社会主义思想奠定了理论基础和勾画了中国特色社会主义道路的框架图，习近平新时代中国特色社会主义思想是对中国特色社会主义理论的丰富与发展。

训练学生的比较分析能力，启发学生思考：从改革开放的提出到全面深化改革的提出，邓小平理论与习近平新时代中国特色社会主义思想两者之间的关系是怎样的？教师提示思考以下几个方面：（1）历史与逻辑的动态的统一；（2）理论和实践的一脉相承；（3）矛盾的普遍性与特殊性的对立统一；（4）继承与创新。

2. 分组提问：为什么要进行改革？为什么要全面深化改革？两者对比分析

共性：

（1）社会发展的根本动力是生产力与生产关系的矛盾运动，生产力是最活跃、最革命的因素，总是要迫使生产关系处于变革和适应生产力发展之中，改革是社会主义发展的直接动力。

（2）社会主义制度的自我完善和发展，是中国特色社会主义道路的必然选择。改革开放是对社会主义制度自我完善和发展的革命，其基本含义是在坚持社会主义基本制度的前提下，改革生产关系和上层建筑中不适应生产力发展的一系列相互联系的环节和方面，即对不合理的体制机制进行革命性的变革，兴利除弊，破旧立新。

40多年来，通过不断深化各方面体制改革，形成了一整套相互衔接联系的制度体系，使我国成功实现了从高度集中的计划经济体制到充满活力的社会主义市场经济体制、从封闭半封闭到全方位开放的伟大历史转折，彰显了中国特色社会主义制度的巨大优越性。

改革开放是体制演进的必然方式，也是制度生存的重要方式。社会主义制度要想发展完善前行，必须通过改革不断进行探索。

差异性：

（1）改革目标和思路的转移：从冲破思想禁区——→排除利益雷区；从摸着石头过河——→顶层设计；从发挥市场经济的基础性作用——→发挥决定性作用。

（2）改革阶段目标变化和面临任务的差别（都有问题倒逼机制）：从基本实现小康——全面建成小康——中国梦的提出；从让一部分人先富起来，先富带动后富，实现共同富裕——两极分化，贫富差距拉大，要解决社会公平；从以快速发展经济，每隔几年上一个新台阶——经济新常态的提出；从初级阶段的总目标"三位一体"——十八大的"五位一体"；从破解吃大锅饭和平均主义难题——打破利益藩篱，消除垄断利益集团，畅通阶层流动渠道。

进行头脑风暴，一组同学总结改革和全面深化改革之共性，一组同学归纳两者之间的差别性，分别给30分钟各小组进行讨论。每一位同学都提出自己的观点并陈述理由，主持人按照观点进行归类，其他同学针对题板上按序号标出来的观点、提法，进行选择认同哪一项，主持人按照选项数依次确立结论排序。最后按照同学们总结提炼的内容，归纳邓小平关于改革思想的重大理论成果和习近平关于全面深化改革的重要论述。

3. 邓小平关于改革思想的重大理论成果综述

（1）改革是中国发展的必由之路

从批判"两个凡是"错误思想到党的十一届三中全会召开，工作重心发生了转移，转移到经济建设和现代化建设上来。

（2）改革是解放生产力

改革是解放和发展生产力的必由之路，是第二次革命，是社会主义发展的直接动力（提出"三个有利于"标准）。

（3）对社会主义的再认识

社会主义发展的初级阶段论，也是中国特色社会主义建设的总依据，在此基础上确立了社会主义初级阶段的基本路线和基本纲领；社会主义本质论，决定了改革的社会主义性质。

（4）关于改革的方向论

改革的性质决定了"改革是有风险的"，"每项改革涉及的人和事都很广泛，很深刻，触及很多人的利益，会遇到很多的障碍，需要审慎从事"①。

改革要坚持社会主义方向，"不坚持社会主义，不改革开放，不发展经济，不改善人民生活，只能是死路一条"②。

4. 习近平关于全面深化改革的重要论述

（1）改革开放的历史定位

"不能用改革开放后的历史时期否定改革开放前的历史时期，也不能用改革开放前的历史时期否定改革开放后的历史时期。"③（两个不能否定）

改革开放后社会主义的实践探索是对改革开放前社会主义实践探索的坚持、改革、发展。

不走封闭僵化的老路，也不走改旗易帜的邪路。

定位："一个国家实行什么样的主义，关键要看这个主义能否解决这个国家面临的历史性课题。"④

（2）改革永远在路上

"改革开放只有进行时，没有完成时。"⑤

（3）改革进入深水区，破解难题归根到底靠改革

习近平在 2012 年 12 月广东考察时强调，我们必须坚持改革开放正确方向，敢于啃硬骨头，敢于涉险滩，既勇于冲破思想观念的障碍，又勇于突破利益固化的藩篱。

（4）顺应民意凝聚共识，是改革成败的关键

中国梦，是实现人民幸福。"积极回应广大人民群众对深化改革开放

① 邓小平. 关于政治休制改革问题 [M] //邓小平文选：第 3 卷. 北京：人民出版社 1993：176.

② 邓小平. 在武昌、深圳、珠海、上海等地的谈话要点 [M] //邓小平文选：第 3 卷. 北京：人民出版社，1993：370.

③ 正确看待改革开放前后两个历史时期——学习习近平总书记关于"两个不能否定"的重要论述 [EB/OL]. 人民网，2013-11-08.

④ 高翔. 中国特色社会主义制度优势 [J]. 中国纪检监察，2019（20）.

⑤ 习近平：关于《中共中央关于全面深化改革若干重大问题的决定》的说明 [EB/OL]. 新华网，2013-11-15.

的强烈呼声和殷切期待。"①

搞好顶层设计，尊重群众首创精神。改革一定程度上会损及特定阶层的既得利益，从而引发诸领域的矛盾冲突，形成阻力。着眼点有：

从解决"社会贫困问题"转到"社会公平"问题；

群众路线教育，解决干群关系和党性纯洁性问题；

把权力关进制度的笼子里，解决权力滥用问题和贪污腐败问题；

推进国家治理体系和治理能力现代化，是全面深化改革的目标问题。

通过比较改革和全面深化改革得出结论：改革既有一脉相承性，又有创新突破。过去的改革重在效率，新一轮改革重在促进公平；过去的改革从先富破题，新一轮改革强调均衡发展，城乡一体化；过去的改革侧重于利益杠杆的撬动，新一轮改革重在从整体上增进人民福祉，克服阶层固化，打破利益固化藩篱。过去的改革多是体制外改革，现在的改革重政治体制，强调依法治国，解决体制内部问题；过去的改革是大胆地试，大胆地闯，新一轮改革是治理能力现代化，依宪治国，实现制度治国，强调顶层设计。

三、邓小平理论的历史地位

邓小平理论是马克思列宁主义基本原理与当代中国实际和时代特征相结合的产物，是马克思列宁主义、毛泽东思想的继承和发展，是全党全国人民集体智慧的结晶。邓小平作为我国改革开放和社会主义现代化建设的总设计师，对邓小平理论的创立做出了历史性的重大贡献。

邓小平理论是邓小平留给我们的最重要的思想遗产。把握邓小平理论，首先要走进伟人邓小平的生平，了解邓小平跌宕起伏的人生。通过引导学生阅读《邓小平时代》，在云班课、超星软件布置作业，学生根据邓小平的"三落三起"故事，表达自己的认识和感想。

---

① 习近平：积极回应民众对深化改革的强烈呼声 [EB/OL]. 腾讯网，2013-01-02.

表5-1 引导学生之学习示例

班级	2019 网编 2019 学前
课程	毛泽东思想和中国特色社会主义理论体系概论
邀请码	3100188
活动标题	讲一讲邓小平的三起三落，邓小平的一生对你有何启示？
活动分组	第五单元
参与经验值	3
活动开始时间	2020-04-01，09：55：00
导出时间	2020-06-03，20：13：45
参与人数	63

第三节 实践教学形式

一、课时安排

根据本章内容和在整个课程体系所占比重，建议 3 个学时，布置学生课下阅读参考书目和相关视频材料，课上案例讨论和教学不占用实践学时，2 个学时小组形式开展校内外社会调研和参观考察，1 个学时汇报交流和教师点评、学生互评。

二、实践地点

课内教学主要涉及案例讨论、视频观看、讨论分析，地点主要在校内，也可组织学生自己开展学习理论知识或实践成果汇报展览，利用教学教室、图书馆、学生活动中心、宿舍公寓大厅或者楼宇走廊等校内公共区域；课外教学主要是校园内外的社会调查和参观，社会调查的地点不限，校园进行也可校外进行，还可以选择网络调研，更方便快捷。

参观地点可选择所在城市的博物馆、展览馆，以及实践教学基地现场教学，调研地点可以就近选择乡村、厂矿和街道居委会管辖地。

三、实践教学类型

1. 参观考察

组织学生参观改革开放四十周年成就展和展览馆，条件允许前提下前往深圳、华西村、小岗村等改革开放示范基地考察。

2. 访谈调研

对学生分组，列举访谈提纲，采用实地访谈的方法，记录访谈者40多年来在衣食住行方面的变化。

3. 开展头脑风暴和组织研讨

针对"什么是社会主义，如何建设社会主义"，"为什么要改革开放，为什么要全面深化改革"，邓小平理论和习近平新时代中国特色社会主义思想的辩证关系等相关内容进行分组研讨，比较分析。针对一些西方媒体把中国的改革开放性质视为"国家资本主义"等错误言论，通过头脑风暴，去伪存真、去粗取精，明辨是非，在辩论和研讨中坚定改革开放的政治方向和社会主义性质。

四、实践教学活动教学形式实例

（一）实例1

实地访谈：改革开放以来民众在衣、食、住、行四方面的变化。

1. 活动准备阶段

（1）分组。按照学生所学专业及本人兴趣等分组。

（2）列计划书。

（3）访谈需要工具：笔记本、录音笔、摄像机等。

（4）访谈注意问题事项。选取的受访者一定在地域、性别、年龄上有所区分；访谈问题要清楚明了；进行恰当的提问；积极有情感地去听。

表 5-2　访谈计划方案

活动安排	活动内容	预期目标	活动分工
一	讨论研究方向、研究计划和人员分工	确定方向、计划和人员	全体讨论
二	查找相关的研究资料及确定调查方法	确定实地访谈调查	全体搜集资料
三	网上搜集资料播放纪录片和访谈实录等	发现 40 多年来变化巨大	两个小组进行
四	拟定访谈问题和地点	力求全面准确反映实况	全体进行
五	设计实地访谈	进行访谈记录，得出结论	分组进行整理记录
六	体会感受形成记录	分享访谈过程的感悟等	全体进行
七	撰写访谈实录	进行整理，得出变化	组长

2. 活动进行阶段

访谈时间：×年×月×日—×年×月×日

访谈地点：受访者家中

访谈问题

……1978 年以前，您在家里做什么？家里的基本情况怎么样啊？

……能谈谈 1978 年后有什么变化吗？

……在穿着上有什么具体变化呢？

……除了服饰方面，饮食方面，比如年夜饭，有什么变化呢？

……住房方面有什么变化呢？

……出行方面有什么变化呢？

访谈步骤：

访谈一：采访者××；受访者××（河南省内黄县某村村民）

问：1978年以前，您在家里做什么？家里的基本情况怎么样啊？

答：……

问：能谈谈1978年以来您的一些变化吗？

答：……

问：穿着上有什么具体变化呢？

答：……

问：除了服饰方面，饮食方面，比如年夜饭方面，有什么变化呢？

答：……

问：住房方面有什么变化呢？

答：……

问：出行方面有什么变化呢？

答：改革开放初，出行工具主要是自行车，有凤凰、飞鸽、永久、红旗等牌子，后来自行车的牌子越来越多，只有县城到市里才有公交车，只要一块五毛钱，村里到县城根本都没有公交车。后来慢慢地车越来越多，自行车、三轮车、摩托车、电动车、小汽车、高铁、共享单车、共享汽车等，出行是越来越方便了。

以前从家里到县城只有一条土路，遇到下雨天尽是泥泞，有的时候车子路过陷在水里，需要大家伙儿一块推车才能出来；改革开放以后，人们收入变多了，就修了小马路、大马路，路越来越宽，越来越平坦，再也不用身上沾泥巴了。

访谈二：……（河南省内黄县30多岁村民）

访谈三：……（河南省安阳市30多岁市民）

访谈四：……（河南省安阳市50多岁市民）

（二）实例2

2020年"我家的奋斗史——小康社会我奉献"实践教学实施方案

1. 实施背景

2020年是全面建成小康社会目标实现之年，是全面打赢脱贫攻坚战收官之年。为了回顾总结新中国发展的光辉历程和宝贵经验，深刻体会新中国伟大建设成就，为了增强广大学生对中国特色社会主义的道路自信、理论自信、制度自信和文化自信，同时为调整充实疫情防控常态化背景下思政课网络教学内容，特将原《概论》课实践教学环节统一调整为"我家的奋斗史——小康社会我奉献"实践教学项目。

2. 实践主题

实践教学主题统一为"我家的奋斗史——小康社会我奉献"。

3. 实践目的

通过对家庭（族）祖辈、父辈、己辈人生故事的记录，熟悉家庭（族）的发展变迁，传承优良家风；通过家庭（族）发展变迁，了解中国近现代历史的细节，体会改革发展的真实变化；通过前后三代甚至四代人的生活对比，体会并牢固树立"四个自信"，体会中国全面建成小康社会的伟大意义和艰辛过程；通过祖辈、父辈的期待与希望，树立并坚定个人理想，明确个人对家庭（族）责任感，树立个人对国家和社会的历史使命感。

4. 访谈对象与内容

以居家访谈、电话访谈、视频访谈等形式，访问家庭成员中的祖辈和父辈成员。访谈内容以受访谈人的人生奋斗阅历和生活感悟为主，并以家庭人物、事件时间为主线对访谈内容进行合理编排。

5. 实践教学对象

2019—2020 学年第二学期《概论》课、《基础》课全体学生。

6. 起始时间

以采取居家防控疫情并开展网络远程教学期间为主，自 2020 年 2 月 24 日第 1 教学周开始，最迟至第 8 教学周全部完成。

7. 实践要求

（1）真实开展相关访谈和记录，杜绝弄虚作假；

（2）认真进行倾听访谈，可以分多次，分阶段进行访谈记录；

（3）访谈过程应严格遵守当地要求的居家防控措施，避免聚集等；

（4）采访记录应包括：被采访人基本情况，采访次数与时间；采访地点；采访内容记录整理；

（5）最后成果为：采访总结报告应对访谈内容进行加工整理，梳理成文（基本格式见附后），题目自己总结拟定；

（6）正在学习《概论》课程的同学，应主动运用社会主义建设，特别是改革发展的理论和历史，对照家庭发展变迁；

（7）正在学习《基础》课程的同学，应主动结合新时代、人生价值等理论内容，对照家庭发展变迁和个人的价值与意义；

（8）按照任课教师指定要求方式上交最终成果。

8. 成绩认定与成果使用

（1）任课教师依照总结报告质量给予相应评价分数（0~30 分）；

（2）访谈总结报告将根据实际质量筛选优秀作品结集成册，编辑出版，个人享有对各自作品的署名权。

附件：总结报告模板

（题目）

被采访人简介：

1. 姓名、性别、出生年月、籍贯、政治面貌、原最后职业和工作单位，与参访人的关系等。

2. ……

3. ……

采访时间、次数、地点：

采访总结正文（8000 字以上，文中可用小标题概括总结被采访人生活发生变迁经历）

第四节　实践教学总结

邓小平理论实践教学成果分为两大部分，第一部分是通过实践教学提高学生的认知能力，在实践中训练学生对理论的理解掌握能力，学会比较研究和分析方法，能够运用马克思主义基本原理和邓小平理论分析改革开放的性质，甄别西方自由主义思潮、资本主义市场经济与社会主义市场经济的根本立场不同，从而理解邓小平理论完整的科学体系。同学们通过观影、阅读历史书籍、头脑风暴，明确改革开放之后和之前的辩证关系，明确邓小平理论提出的改革作为开篇之作和习近平新时代特色社会主义思想提出的全面深化改革之间的辩证关系，通过实践教学达到对理论的认识。第二部分是通过调研考察、实地访谈、参观等方式，亲眼看见改革开放以来我国所取得的巨大成就。

第五节　实践教学思考

高职院校特别是文科类课程重理论轻实践在高校中普遍存在。实践教学设计中，思政课教师也是从活动本身出发，强调实践过程，忽视理论对实践的指导。本章依据《概论》课教材，遵循邓小平理论形成、发展的逻辑，注重理论体系的完整性，突出重点、难点问题设计实践教学，重点让学生在实践教学中了解理论是怎么形成的，理论的逻辑性和体系化，理论在现实中实践的成果及其意义。

在实践教学中，提升学生的思辨能力，利用思维导图、对比研究，训练学生用联系和发展的观点看问题，深刻把握邓小平理论和习近平新时代中国特色社会主义思想在理论体系上的一脉相承，深刻把握从改革开放到全面深化改革开放的时代背景、目标任务，与时俱进解决新问题。

开展实践教学，必须是接受过专业训练并具有足够经验的教师，但目前很多学校的教师都是直接上阵，缺乏实际操作经验，结果可能使实践流于形式，反而浪费了教学成本，达不到实践的真实目的。有些行业高职院校师生比例配备不足且经费短缺，因此教师无法跟随所有学生实践，不能及时给予指导。必要时，思政课教师要与辅导员、班主任联合，在外出实践考察、调研中共同管理实践团队。

多思考实践教学方案设计，即如何让每一个学生都积极参与到实践过程中，不存在"搭便车"行为，不是敷衍完成任务，让学生有真实的收获感，真是体会到改革开放 40 多年的巨大变化，体会到中国特色社会主义道路的优越性。

第六节 实践教学建议

本章实践教程设计和案例教学，适用于本科、高职院校《毛泽东思想和中国特色社会主义理论体系概论》《习近平新时代中国特色社会主义思想概论》实践教学，可以提供相关实践教学思路和实践教学类型、教学模式。充分利用当地资源和北京高校思想政治理论课高精尖中心实践教学平台资源，思政教师要发挥主观能动性，把握实践教学规律，遵循邓小平理论和习近平新时代中国特色社会主义思想基本原理，根据学生特点，有的放矢地开展教学。

下一步课题组会整理相关实践教学模式、案例，以视频的形式上传到北京高校思想政治理论课高精尖中心实践教学平台供思政课教师学习。

作者简介： 周颖，北京青年政治学院马克思主义学院教授、副院长，毕业于清华大学马克思主义学院、法学博士。

杨春桃，北京青年政治学院副研究员，法学博士。

第六章

"三个代表"重要思想

实践教学需要制定出一套完整、科学的实践教学计划。这门课的教学计划包括实践教学目的、教学目标、教学设计、设计思路、设计方案、教学形式和组织、实施步骤等，同时有明确的时间和任务要求、有明确的活动主题和活动对象、有详细方案、有系统的活动总结，并制定行之有效的考核办法。高校马克思主义理论教学，不仅应该成为宣讲"三个代表"重要思想的重要理论阵地，还应成为带领广大学生实践"三个代表"的关键课堂。以下是关于"三个代表"重要思想章节的实践教学内容。

第一节　实践教学目的

党的十三届四中全会以来，以江泽民为核心的党的第三代领导集体，高举邓小平理论的伟大旗帜，围绕中国特色社会主义这个主题，依据新的实践，创立了"三个代表"重要思想。"三个代表"重要思想进一步回答了什么是社会主义，怎样建设社会主义的问题，创造性地回答了建设什么样的党、怎样建设党的问题，丰富和发展了中国特色社会主义理论体系。

本章实践教学从大学生的实际出发，达到理论教学同学生在思想实际、成长需求以及全面素质提升等方面的最佳结合，在调动学生积极性的基础上，拓展思路，丰富视野，使他们学有所思、思有所悟、悟有所得，引导大学生正确认识理论产生错综复杂的国际形势，正确认识国情和社会主义建设的客观规律，使学生从知识层面实现对世界"是什么"的正确认知和价值层面形成"应当如何"及"应当怎么做"的结合，树立献身中国特色社会主义事业的坚定信念，积极投身全面建设小康社会的伟大实践。

第二节　实践教学目标

一、知识目标

通过实践教学，引导学生理解"三个代表"重要思想的具体内容"是什么"，全面准确把握"三个代表"重要思想的精神实质，使其正确理解当时中国所处的时代背景，明确当时发展的任务是要切实加强具有中国特色的政治、经济、文化等建设，实现中国共产党和中国人民在社会主义初级阶段的共同理想，为最终实现共产主义的社会制度创造条件，深刻体会"三个代表"重要思想是中国共产党的建设和中国特色社会主义建设的伟大理论创新。

二、情感目标

通过实践教学，引导学生学会从价值层面"应当如何"及"应当怎么做"，在了解"三个代表"重要思想知识基础上，深刻体会其重要和深远的理论意义和实践价值，把理论的真理性同价值性连接起来，使学生在获取真理性知识的同时，形成学生对中国特色社会主义的认同感、使命感和责任感，并内化为马克思主义的世界观、人生观和价值观，提高对于中国共产党的建设的伟大指导作用，使之树立起对党的崇敬和爱戴之情，自觉拥护中国共产党的领导，增强执行党的基本路线和基本纲领的自觉性，身体力行，时刻用党对自身严格建设的目标来要求自己，鞭策自己，作为新时代的大学生，正确认识自身肩负的历史使命，有担当，有抱负，为国家发展贡献青春力量。

三、能力目标

通过实践教学，引导学生从时间维度和空间维度把握"三个代表"重要思想的精髓，培养学生运用马克思主义的立场、观点和方法分析和解决问题的能力。从纵向历时性、时间维度来看，"三个代表"重要思想继承并发展了中国共产党的优秀革命和建设传统。从横向共时性、空间维度来看，"三个代表"重要思想以政治、经济、文化等建设为重大支撑点，覆盖面广，内容深邃。因此，要引导学生秉持历史唯物主义的态度，提高辩证、发展分析事物和现象的能力，要引导学生开阔眼界，提升眼力，努力成为中国特色社会主义事业合格的建设者和可靠的接班人。

第三节　实践教学设计

实践教学不仅包括课堂外的社会实践，还包括课堂内的各种社会实践活动。实践教学设计以调动学生学习"三个代表"重要思想积极性、提升学生运用马克思主义解决问题的能力为核心，以教师学生和社会机构协同参与和互动体验为基本方式，建立多层次、多维度的实践教学活动。

一、教学设计思路

根据本章内容，结合学生思想实际和理论难点，有针对性地对"三个代表"重要思想的教学内容进行选择，设计实践教学专题内容，开展具体实践活动。实践教学不能仅仅设计成一个个独立的活动环节，孤立存在，互不联系，而要把各章节内容设计为内容关系紧密、逻辑环环相扣、层层递进的知识链与价值链，使之成为学生认知提升、情感培养和能力塑造的螺旋结构链。实践教学应坚持以下四个原则：

1. 坚持知识教育与价值认同教育结合

实践教学要针对主体需求，因势利导进行活动。大学生主体意识、参与意识与表现意识强，渴望通过自身参与获取知识。实践教学要避免一味强调理论知识传授、忽视对学生价值认同的培养。大学生应成为"三个代表"的实践者、科学发展的拓进者、社会主义和谐社会的构建者。在实践教学中做到理论知识教学与价值观念认同教育的有机结合。

2. 坚持集中性与分散性结合

根据实际情况，考虑多种因素的影响，在组织安排实践教学时，可以把班级集中实践与小组分散实践相结合、思想政治理论课的课内实践与学校学工部门、团委、教务处、二级学院等组织的寒暑假学生社会实践、实习等结合起来，不宜多头安排、重复开展，保证实践教学取得效果。

3. 坚持广泛性与可行性结合

实践教学的方式、实践教学的选址和教学内容方案的策划，要坚持学生的广泛参与，吸引和调动教师、相关公益机构和实践基地等大力支持，充分利用各种有利条件和资源，同时，要从经济投入、交通便利和组织安排等方面予以评估和比较，确保实际操作方便可行。

4. 坚持多样性与实效性结合

实践教学可采取参观考察、案例讨论、社会调研等多种方式进行，无论何种方式，应注重实践教学不能"走过场""搞形式"，要高度重视实践之前的充分准备，拟定和发布实践指南手册，强调活动安全，指导报告撰写，精心组织实践活动，认真总结实践，把实践教学落到实处。

二、教学设计方案

为帮助学生更好理解和掌握本章的内容，实践教学通过以案例式 PBL教学法为主导，混合式教学等多种方式为补充方法进行。主要包括课前预置环节、课程导入环节、知识点讲解环节、能力提升和成果展示环节等。

1. 课前预置环节

在课前预置环节，通过开展线上线下课程调研，了解学生对章节内容的认知情况，比如"三个代表"重要思想产生的时代背景是什么，"三个代表"重要思想包括哪些内容，"三个代表"重要思想对中国共产党和中国特色社会主义建设的重要意义，真实呈现学生理论学习的薄弱点和不足、学生的思想困惑等。

2. 课程导入环节

在课程导入环节，紧密联系实际，通过精心设计故事案例，并有意识导入问题，比如苏联模式对包括中国等社会主义国家的影响，苏联解体与东欧剧变对中国共产党和中国特色社会主义建设的教训与启发，新形势下如何创新发展、进一步加强中国共产党与中国社会主义建设等，激发学生对本章内容学习的兴趣，形成一种启发式模式。

3. 知识点背景介绍环节

在知识点背景介绍环节，采用演示和讨论的教学方法，充分运用现代教学手段，比如将信息技术与实践教学紧密结合起来，插入文本案例、音频、图片、视频等材料，生动形象地向学生展示世纪之交的中国共产党和中国面临的国内外严峻挑战与机遇，真实再现"三个代表"重要思想的形成背景和实践，重点突出中国共产党与中国改革和发展现实场景，引导学生讨论"三个代表"重要思想指导下的中国共产党在加强执政党建设、推进中国政治、经济、文化各方面建设中取得的成就。

4. 知识点全面理解和深入剖析方面

在知识点全面理解和深入剖析方面，结合前期设置导入的案例和问题铺垫，"三个代表"重要思想理论产生背景和实践的场景渲染，采用讲授式教学法，进一步针对"三个代表"重要思想理论重点、难点，进行分层次和多角度的讲解和分析，让学生充分理解"三个代表"重要思想的理论内容和本质要义。

5. 能力提升和价值观塑造方面

在能力提升和价值观塑造方面，采用探究式教学模式。教师通过随机抽取或学生自愿组建课程学习与实践小组，设置知识点的讨论议题或学生自主申报，引导学生自主进行课程内容准备，并根据教学需要，组织学生进行实地参观或者社会调研，让学生学会运用所学理论知识和方法，结合各自学科背景和专业，拓展思路，大胆分析，针对问题和现象，撰写调研报告，小组为单位进行课上分享，从不同层次和不同维度阐述对"三个代表"重要思想的理解与看法，营造一种比学赶拼的研究型学习氛围，教师在此过程中积极鼓励引导学生陈述或辩论，并与相关学生一起担任评委进行针对性点评。

第四节　实践教学形式

一、课时安排

根据本章内容和在整个课程体系所占比重，建议 6 个学时，其中 1 个学时课下阅读参考书目和相关视频材料，2 个学时课上案例讨论和教学，2 个学时小组形式开展校内外社会调研和参观考察，1 个学时汇报交流和教师点评、学生互评。

二、实践地点

本章节实践教学坚持课内实践教学与课外实践教学相结合。

课内教学主要涉及案例讨论、视频观看、讨论分析，地点主要在校内，也可组织学生自己开展学习理论知识或实践成果汇报展览，利用教学教室、图书馆、学生活动中心、宿舍公寓大厅或楼宇走廊等校内公共区域；课外教学主要是校园内外的社会调查和参观，社会调查的地点不限，可以在校园进行也可校外进行，还可以选择线上调研，更方便快捷。

参观地点可选择学校所在地附近的展示陈列"三个代表"重要思想的史料图片和实物的展览馆、博物馆或展示各方面建设中取得的成就的实践教学基地，如国家博物馆、北京展览馆等，同时考虑公共交通出行方便、面向大学生免费开放的公益展馆或实践教学基地。

三、实践教学类型

本章实践教学类型主要包括故事案例讨论、角色扮演、社会调查和参观体验等。在下一节中，将详细介绍相关形式和内容。

第五节　实践教学实施

"三个代表"重要思想的形成有其复杂的国际和国内形势。当前学生均为00后的千禧大学生，对于当时中国面临的国际国内复杂形势了解不多，知之不足。实践教学活动不能设计成一个独立的环节，孤立存在，互不联系，而要把各章节设计为内容关系紧密、逻辑环环相扣、层层递进的知识链与价值链的双螺旋结构链，实现从实践与理论的结合上回答大学生最关心的问题，使大学生深化对党的路线方针政策的认识，坚定在中国共产党的领导下走中国特色社会主义道路。

首先，让学生了解"三个代表"重要思想形成的背景；其次，通过各种手段和方式设置情景让学生体验当时的年代，感受中国共产党在世纪之交所采取的执政思维和理念，并基于"三个代表"重要思想选择有特点的材料进行课堂讨论；最后，针对"三个代表"重要思想的历史地位采取社会调研形式或参观形式让学生更坚定认同贯彻党的重要思想发展中国特色社会主义事业的信心，更坚信中国共产党在任何艰难困苦中都不会被打垮，始终有坚定的理想信仰、有艰苦朴素敢于奋斗的精神。

第六节　实践教学内容

一、课前预置环节

在开课前，教师可通过调研，深入快捷了解学生对章节内容的认知和学生价值观、学习期待等情况。课前预置的调研环节有助于改变传统教学过程忽略对授课对象——学生的情况了解和对课程的期待的掌握及教师陷入照本宣科、按部就班授课的单向度循环。这一调整使实践教学授课过程进一步延伸提前，利于教师在授课前基本了解班级学生自然情况、学习基础和课程期待等重要信息，为实现教师与学生的交互式交流、保障教学目标达成奠定基础。

调研形式为随机开展问卷星等线上线下问卷调查，也可课前通过班级骨干调研征集学生的意见，或通过提问方式，形式灵活多样，以操作方便、可行为宜。

结合本章内容，调研内容主要包括：

1. "三个代表"重要思想产生于什么年代？

2. "三个代表"重要思想包括哪些内容？

3. 在学习课程之前，你是通过何种途径了解"三个代表"重要思想的？

4. "三个代表"重要思想与毛泽东思想、邓小平理论有什么联系？

5. "三个代表"重要思想对中国共产党有什么重要意义？

6. "三个代表"重要思想对中国特色社会主义建设有什么重要价值？

7. 大学生学习和掌握"三个代表"重要思想有什么作用？

8. 你对"三个代表"重要思想的实践教学有什么学习期望？

9. 其他一些想要调研的信息

教师通过调研，了解学生理论学习的薄弱点和不足、学生的思想困惑等，有助于有针对性地开展实践教学，联系中国改革的实际，联系青年学生的思想实际，调整教学方式等，加强实践教学的适应性和时效性。

二、导入章节

（一）故事导入法及意义

本节采用讲故事的形式切入正题，也就是故事导入法。这种方法的优点是在教学中根据具体内容，适当地采用趣味性较强且寓意深刻的故事，不仅可以活跃课堂气氛，激发学生学习兴趣，加深学生对本章内容的理解，还能通过直接经验和间接经验相结合进一步提高学生的思想觉悟。

（二）故事导入法的程序和步骤

首先，采取故事导入法，通过讲解精心设计的故事《苏联老大哥与中国兄弟》，引导学生阅读书籍《苏联亡党亡国 20 年祭——俄罗斯人在诉说》或观看同名视频，导入本章的学习。《苏联老大哥与中国兄弟》通过将苏联与中国比作邻居，简要概述了苏联发展对中国和东欧一些邻居的影响。《苏联亡党亡国 20 年祭——俄罗斯人在诉说》精心展现俄罗斯地域上东与西的特点的同时，生动展现了俄罗斯人受东西方文化和价值观影响，像俄罗斯套娃一样使历史的真实面目和生动姿态层层剥落。学生通过阅读和观看，在以事件构建历史的宏大叙事之中，对熟悉的历史人物有了更加鲜活真切的认识和理解。要引导学生撰写读书笔记或观后感，记录学习的心得。

接着，针对即将进入本章的时候，有意识导入问题，比如苏联解体给中国共产党和中国特色社会主义建设的教训与启发，苏联模式的弊端有哪些，新形势下如何创新发展、加强中国共产党与中国特色社会主义建设等，更进一步激发学生学习兴趣，为学生下一节全面了解"三个代表"重要思想的形成做好必要的背景铺垫。

三、"三个代表"重要思想的形成章节

本章内容比较适合采用角色扮演的实践活动。角色扮演是一种情景模拟教育活动，运用多学科多领域的知识和手段，设置一些情景，让学生参与到教学过程中，通过调动学生学习的积极性，来提高学生的知识水平、思想觉悟、思维能力、实践能力等综合素质。[①] 它为学生开展探究学习、合作学习及研究性学习开辟新途径，有利于学生学习方式的转变，最大限度地促进学生和谐发展，使实践活动的可操作性大大增强，符合思想政治理论课教学改革的要求，休现理论与实践结合的新理念。

根据本章节内容，选取中央电视台新千年推出首部电视剧《突出重围》，该剧是由柳建伟所著的长篇小说改编制作，体现了陆军所有兵种，首次全面展现解放军现代化作战水平。该剧讲述了一支从井冈山走出来的

---

① 汪浩. 增强"概论课"教学实效性的对策探析［J］. 湖州师范学院学报，2010（6）：124-127.

光荣部队 A 师，在科技强军的道路上，完成了它历史上的重大飞跃，向世人证明它不可战胜，有能力、有信心、有决心完成党和国家、人民赋予的神圣使命。世纪之交的中国处于世界社会主义陷入低谷时，在改革开放的新形势下，使中国共产党理性思考新时期建设什么样的党以及如何建设党的问题。"三个代表"重要思想的提出形成是中国共产党对严峻现实的理论回应。中国共产党必须始终代表中国先进生产力的发展要求，代表中国先进文化的前进方向，代表中国最广大人民的根本利益。A 师的突出重围的经历，与中国共产党在坚决捍卫中国特色社会主义，认识自己、改进自己、提高自己，改革创新，认真研究和解决在自身建设中出现的新矛盾新问题，不断加强自身建设的经历非常相似。这也是本章节采用角色扮演加深学生对"三个代表"重要思想形成认知的初衷。

（一）角色扮演教学及意义

角色扮演教学是教师设置一个真实或虚拟情景，学生通过扮演特定角色而习得知识和技能的教学方法。本章结合课程教学目标和实践教学目标，在课堂教学中采用角色扮演教学，引导学生关注、深入、认识理论内容，在生活中汲取成长的营养，体现了"生活教育"。在教学中，学生真正成为课堂的主人，使刻板、枯燥的理论化作生动、鲜活的情景，成为思考的对象，并赋予它价值和意义，对它做出价值的判断和界定，通过强烈的现场参与感触发和增强学生理论学习和创新的思维，进而塑造内心的价值体系。

（二）角色扮演教学的程序和步骤

角色扮演教学的程序和步骤包括选择或设置、角色设计、角色分配、角色扮演、讨论与评价。应当围绕教学目标和教学重点、难点设计不同的角色，虽然角色任务和角色行为有一定限制，但教师可提供半开放情景，给予学生自由发挥的表演空间，鼓励学生进行创造性表演。角色应有典型性和差异性，角色分配要考虑学生的兴趣和个性特征，参考学生的理解、表达和表演能力。角色扮演的环境应尽可能仿真，扮演过程有时间限制。角色扮演结束后，教师组织学生进行充分体验分享和讨论深化认知。

本章节中请学生自主结合，分成若干小组，观看并选取《突出重围》电视剧中比较有意义的片段或场景进行模拟演出，主题可从爱国、改革、创新等方面选取或者自拟，A师、C师、军区领导等具体角色分配可由小组中学生自主申报，鼓励和支持学生在尊重原剧基础上适当地发挥和表现，通过情景剧形式展现，场景可通过多媒体设备模拟，服装和简单道具自备，厉行节约，每组情景剧演出不超过8分钟。在讨论环节，教师要引导学生将本剧的场景主题与当时中国共产党带领中国开展社会主义建设中经历的改革与发展等情况相结合进行深度思考。

（三）角色扮演教学的注意事项

新型思想政治理论课教学模式下，角色扮演教学需要一定条件，对实践教学中的教学主体、教学对象和教学过程都有一定挑战。

1. 角色扮演教学要求教师具备更高的素质

角色扮演教学一方面要求教师要投入更多精力备课，如查阅大量参考资料，事先对情景和角色要求进行分析、编排、设计等；要求教师具备较丰富的教学经验和教学组织能力。

2. 角色扮演教学要求学生要做好相应调整

学生应由被动转变为主动学习，并具备一定的表现能力，如语言表达能力、团队合作意识等。

3. 角色扮演教学要求主题有较强的问题色彩

应该围绕教学内容，避免过于娱乐化对学生思维激发的淡化。

4. 角色扮演教学要求对考试评价方式和制度予以改革

对学生在角色扮演过程中表现出来的能力、技巧和创造性进行评价是课程考核评价的重要内容之一。

四、"三个代表"重要思想的核心观点和主要内容章节

根据课前预置的调研结果，教师可结合学生问题以及困惑，在本章节讲解过程中，采取课堂讨论形式，引导学生就相关材料和问题，在自主学习和钻研的基础上，进行讨论或辩论，使学生全面掌握理论的核心观点和主要内容，真正从理论与实践的结合上回答大学生最关心的问题，使大学

生深化对党的路线方针政策的认识，坚定在中国共产党的领导下走中国特色社会主义道路的信心。根据本章节内容，课堂讨论的材料主要包括苏步青的《同学们，中华的振兴在召唤你们》与社会主义先进文化、中国加入世贸组织的波折与社会主义市场经济、新的社会阶层与先进生产力代表和发展入党等，以期从不同角度和侧面帮助学生理解"三个代表"重要思想的核心观点与主要内容。

（一）课堂讨论及意义

在参考了大量资料基础上，课堂讨论要运用历史唯物主义和唯物辩证法的观点客观全面解析问题。结合社会的实践热点、难点问题通过讨论、辩论的方式进行教学，为学生营造出一个轻松的氛围，不同的思想观点碰撞出火花，然后再由思想政治理论课教师加以引导，实现多数人的价值认同。

课堂讨论具有重要意义

（1）激发学习兴趣。一是课堂讨论可以最大限度地激发学生的学习兴趣，充分调动学生的主动性、积极性，使学生的语言表达、逻辑思辨等能力在讨论和辩论中得以展现，在一定程度上满足学生的发展需求。二是课堂讨论提供了一个平等交流和自由探索的平台。教育家赞可夫说："教学法一旦触及学生的情绪和意志领域，触及学生的精神需求，这种教学法就能发挥高度有效的作用。"[1] 课堂讨论正是这样的教学法。

（2）提高教学效果。课堂讨论过程中，学生的思维能够被打开，积极思考问题，产生不同的见解和思路，在思想结晶的碰撞中，理论知识也在争鸣中愈发清晰而为学生掌握，促进学生思维有序发展、能力逐步提升，提升实践教学效果。

（3）促进朋辈教育。课堂讨论方法通过学生开展小组讨论，使学生学会宽容和谦虚，在尊重他人的同时接受他人的批评；小组活动可以培养学生的集体意识和集体责任感，有利于团队精神的形成，实现自我教育、朋辈教育的有效结合。

---

[1] 赞可夫. 教学与发展［M］. 北京：人民教育出版社，1985：106.

（二）课堂讨论的程序和步骤

1. 准备阶段

提前一节课将"三个代表"重要思想的相关讨论材料布置给学生，并对学生进行分组，指导学生围绕主题，精心准备，查找文献，搜集材料，撰写讨论稿，参加课堂讨论。教师和学生代表提前拟定课堂讨论评分标准。

2. 进行阶段

在教师的指导下，各学习小组开展讨论，然后由小组长综合本组成员讨论分析的观点和意见代表大家在班级进行汇报发言，由学生助教记录整个发言过程。教师和学生代表可依据学生现场表现予以记录并评分。

3. 总评阶段

教师密切结合课程内容，讲评学生的讨论发言。最后让每个参与讨论的学生在小组发言稿上签名后交给助教，由助教交由授课教师，记入成绩评定并归档保存。

五、"三个代表"重要思想的历史地位章节

本次实践教学可采用参观访问或社会调查的形式。

（一）参观访问

1. 参观访问及意义

参观访问等实践活动，一方面有助于学生在看、听、问的过程中进一步了解国情，拓宽知识面，开阔视野，提高综合素质。另一方面，实践活动丰富教学内容，有助于促使学生对"三个代表"重要思想的伟大作用有更全面的了解，对当时创新发展中国共产党建设思想的历史地位有更深刻的体会，从而更加透彻理解中国共产党制定的路线、方针、政策的内在因素，更加珍惜我国取得的伟大成就。最终，实现实践与理论教学的有机结合。

2. 参观访问的程序和步骤

除了比较著名的国家级、省市级大学生爱国主义教学基地和本地的参观场所外，教师可立足实际，充分利用校本资源进行实践教学，通过学校进行支部共建、与学校保持长期教学、科研、就业等合作的企事业单位和杰出校友所在单位共建基地。在实践地点和考察基地的选择上，应注意以下几个方面：

首先，正面教育为主。青年学生世界观、人生观和价值观正处于形成的关键时期。实践教学基地一般应选择那些能使学生正确认识我国改革开放的伟大实践成就，对坚定学生的社会主义信念、全面实现小康社会具有积极影响的农村、工厂等机构。

其次，突出典型示范。实践教学访谈对象应为改革开放中实践"三个代表"重要思想的先进人物和模范，比如全国劳模、优秀共产党员、先进科技工作者等，还可深度挖掘，寻访杰出校友成长之路，激发学生爱党、爱国、爱校之情。

最后，安全经济原则。考虑到经费成本及组织安全问题，实践基地一般应选择那些离学校近、公交方便、组织有利的单位，学校可以与实践单位联系对接，提前准备好介绍信等材料，教师和学生骨干组织带领学生集中参观，或者根据实际情况，学生按小组分散进行，以达到学生实际参与和获得参观访问效果为目标。

（二）社会调查

1. 社会调查及意义

青年学生要自觉地深入人民群众之中，与工农相结合、与实践相结合。① 学生在获得第一手的感性材料的同时，可以深刻了解社会。有助于加深学生对"三个代表"重要思想的理解，有助于培养和提高学生运用"三个代表"重要思想分析和解决现实问题的能力。"三个代表"重要思想是富于鲜明实践品格的理论，离开实践理论的存在便没了意义，实践使得理论学习更好地内化于行，这样的理论才有价值。学习"三个代表"重要思想的最好课堂便是全面建设小康社会的伟大实践，同时其也是对学习贯

---

① 胡锦涛. 发扬伟大的爱国主义精神为建设有中国特色社会主义努力奋斗［N］. 中国青年报，1999-05-05.

彻"三个代表"重要思想成效的最好检验。① 通过调查研究，增强大学生的群众意识、创新意识、科研意识与合作精神，使学生积极主动地把理论学习和实践体验结合起来，努力培养学生良好的素质。

2. 社会调查的程序和步骤

首先，设定调查题目和范围。教师设定社会调查题目时注意把握三个结合，即社会实践题目要与实践教学内容、国内外热点问题和大学生实际问题相结合。题目指南应在开学初教师集体备课会上共同商讨，在第一次课上就把题目发布给学生。调查聚焦"三农"问题、环保、企业文化、就业等方向。

其次，组成调查小组或团队。教师根据自然班选拔学生或者根据学生自愿申报，可以6~8人组成一个调查小组或团队。学生自行组织明确分工，利用业余时间展开社会调查。

再次，教师指导学生开展调查。在调查开始前，教师对调查小组进行指导，指导内容一般包括常用社会调查方法介绍、调查问卷设计和统计、调查报告撰写等。社会调查过程中遇到什么问题，师生共同讨论解决。

最后，撰写报告并交流汇报。调查小组或团队要提交一篇3000字左右的原创调查报告，报告应符合学术规范要求，调查报告后面要附调查小组或团队的人员分工、进度安排、调查提纲以及调查问卷等。在课堂汇报交流环节，调查小组或团队全体或学生代表进行社会调查成果汇报，教师和其他小组或团队代表予以评分，并提出问题或建议，汇报交流结束后，小组或团队经修改补充后在成绩评定前的一周统一提交报告，由教师归档保存。

---

① 刘云山. 在全国大学生学习贯彻"三个代表"重要思想经验交流会上的讲话［N］. 中国教育报，2003-11-26

第七节 实践教学展示

一、教学成果展示形式

实践教学的成果是丰富多彩、形式多样的。教师可以班级分组为单位，根据学生提交的课堂讨论发言稿、读书笔记、观影心得、访谈记录、调查报告和学生自编自导自演的角色扮演情景剧视频或照片等，由教师和学生组建团队进行专门的遴选，并进行相应修改制作，然后推荐优秀作品报本学科实践教学教研部，经教研部认真研讨和公正评比，选择出优秀的学生作品，围绕主题，巧妙构思，精心设计，在学校、学院或者年级内进行现场展示，也可通过学校实践教学的微信公众号、微博等网络途径及时快捷分享给教师和学生，还可以将文字类成果汇编成册，形成思想火花的缉思集、读书观影的札记、访谈人物的优秀事迹和案例集、调查报告汇编等。

二、教学成果总结反馈

实践教学成果是教师和学生相互交流、合作学习的平台，学生通过展示活动，能更好地总结凝练实践教学的优秀成果，形成良好的氛围，影响和带动更多的学生真正理解、更加积极投身课程实践教学，坚定学好思想政治理论课，不断提升自己的综合素质。实践教学成果也有助于教师进一步沉淀和积累教学素材，总结和积累更丰富的实践教学经验，促进师生共同成长。

第八节　实践教学考核

一、设计考核方案

实践教学成绩考核要注重定性评价与定量评价的统一。与传统理论课教学不同，实践教学应改变重结果、轻过程和重考试成绩，轻实践的做法，建立科学的成绩考评机制。一方面，教师是教学、考核和评价的主导者，成绩评定由教师根据学生在实践教学活动中参与度、课堂讨论发言稿、答题作业、调查报告撰写的创新性和科学性、现场汇报小组答辩情况等方面综合考评。另一方面，应充分发挥学生在实践教学中的主体作用，调动他们参加实践教学的积极性，在适当活动环节，可让学生参与评价，实现学生互评，如在调查报告成果汇报环节，教师和学生评委可以在实践教学现场考察中按权重给出考评。

实践教学一方面要注重考核依据客观公正，评分标准科学合理，另一方要注重与实践教学形式和类别有机结合，采取适当可行的考核形式。本章实践教学成绩考核实行百分制，考核内容主要分为课内实践教学、课外实践教学和学习出勤情况三部分。课内实践教学环节40分，主要考核学生学习投入状况，比如回答问题的积极性、课堂讨论的真理性和逻辑性、角色扮演的有趣性等。课外实践教学环节占比40分，主要考核小组或团队和学生个人参与课外实践的情况，包括小组实践实施完成情况、报告撰写的规范性和创新性、成果汇报的流畅性和条理性、学生个人作用表现等。课程参与和出勤情况占比20分，主要考核学生在整个实践教学中的参与出勤情况。参与部分10分，以引导学生积极参与为主，对表现较好的学生，适当予以加分激励，但以满分10分为限；出勤情况10分，原则上采取扣分制。

二、设计考核激励机制

第一，鼓励学生积极在课堂上发表自己的见解，引导大家积极讨论，形成研究的氛围。对于积极发言且言之有理的同学进行赞赏和平时成绩的加分激励，根据情况折合成绩。

第二，在实践教学环节当中，在精神激励的同时适当性地给予学生一些物质奖励。例如，对于学习表现有意者，奖励其参观纪念馆或者文化基地的入场券或者参观资格。

第三，对于在整个学习过程中有突出特长者，例如演讲、表演、组织能力突出的同学，引荐其参加相对应的比赛或活动。学习过程由课上延伸到课下，争取尽力挖掘学生的特长。

第九节　实践教学评价

实践教学的效果如何？学生对教师和教学过程的评价怎么样？教学目标是否达到？这些都涉及对实践教学课程质量或效果的评价。实践教学课程质量或效果的评价是整个实践教学过程中重要的一部分，实践教学的闭环离开了它，就会失去完整性。实践教学课程质量或效果的评价可以看成是对一个教学过程的总结，同时为下一个教学过程的开启奠定基础。

实践教学课程质量或效果的评价要注重全程性、及时性和客观性。全程性既是指反馈内容要关注实践教学的整个过程和环节，又是指要在实践教学过程中始终注重关照质量或效果。及时性是指实践教学结束后，教师应及时进行教学质量或效果的反馈，学生和相关教师也要及时完成对实践教学的质量或效果的评价。操作中要适当把握时机，可以在最后一次授课现场或者学生课程成绩查询系统登录时进行学生调查，也可通过教师与学生的座谈会、实践教学成果展览等现场方式征集意见。此外，学校可组织教师在学期末或者假期集体备课时召开实践教学经验交流会、总结报告会、检查和评估会等，及时进行课程教学质量或效果的反馈调研。客观性是指评价要公正、客观，鼓励和引导学生和教师真实表达、客观评价、操作透明、流程规范，不存在暗箱操作和作假等现象。

通过实践教学课程质量或效果的评价，教师可以总结积累好的做法和经验，查找不足和短板，有利于更好地调整实践教学计划和方案，推动实践教学活动的进一步开展，促进实践教学取得实效。

参考文献

1. 金晖. 中国近现代史纲要"课程实践教学模式研究——以桂林电子科技大学信息科技学院为中心的考察［J］. 四川理工学院学报（社会科学版），2010（6）.

2. 尹书博. 论十六大以来党加强执政能力建设的鲜明特色［J］. 中国浦东干部学院学报，2012（3）.

作者简介：朱冬香，北京化工大学文法学院教师、副教授、法学博士。

刘慧敏，北京交通大学马克思主义学院讲师，博士研究生。

第七章

科学发展观

教育活动既是一个理论问题，也是一个实践问题。社会实践是人的本性活动。人只有在其本性活动中，才能赋予被教育者以人的真正意义。正是也只有"生产劳动给每一个人提供全面发展和表现自己全部的即体力和脑力的能力的机会"①。高校马克思主义理论教学，不仅是宣讲科学发展观的重要理论阵地，而且应成为带领广大青年大学生实践科学发展观的第二课堂。实践教学作为思想政治理论课教学的重要环节，是培养学生实践能力、增强社会责任感、提高学生综合素质的重要途径。以科学发展观为指导，坚持以人为本，积极探索和实践思想政治理论课实践教学模式，完善教学体系，促进课程创新发展；增强思想政治理论课教学的吸引力、感染力，培养学生的创新能力和实践能力，促进学生的知识、能力、态度等全面协调发展。本章实践教学课程包括实践教学目的综述，实践教学目标，实践教学活动设计思路，实践教学活动教学形式，实践教学形式安排和实施步骤，实践教学内容设计，实践教学成果汇展，实践教学成绩考核，实践教学质量或效果的反馈等方面内容。

第一节　实践教学目的

科学发展观，是党的十六大以来党中央以邓小平理论和"三个代表"

---

① 恩格斯. 反杜林论［M］. 人民出版社，1999：333.

重要思想为指导，在全面建设小康社会、继续推进中国特色社会主义事业的伟大实践中，继承和发展党的三代中央领导集体关于发展的重要思想，集中全党智慧，总结我国发展实践，借鉴国外发展经验，适应新世纪新阶段我国发展呈现的一系列新的阶段性特征和新的发展要求提出来的重大战略思想。

本章实践教学是从青年大学生的实际出发，达到理论教学同学生的思想实际、成长需求以及全面素质提升等方面的最佳结合，在调动学生学习积极性的基础上，充分调动学生的主观能动性，拓展思路，丰富视野，使他们学有所思、思有所悟、悟有所得，引导青年学生从"是什么""为什么""怎么做"三个层面上科学、理性地认识理论提出的国内外条件及其形成、发展、成熟的过程，准确理解科学发展观理论的科学内涵和主要内容，科学把握科学发展观理论的历史地位，进而提高青年学生分析问题、解决问题的能力；厚植青年学生的爱国主义情怀，听党话，跟党走，积极投身全面建成小康社会和实现中华民族伟大复兴的伟大实践。

本章内容主要由三节内容构成，"第一节 科学发展观的形成"，主要讲述科学发展观形成的国内外条件及其形成、发展的过程。科学发展观，是我们党在21世纪初应对我国经济社会发展面临的新形势、新矛盾和新问题，及时调整发展观念和发展方式的建设，并在准确把握世界发展趋势的基础上提来出的重大战略思想。科学发展观自2003年党的十六届三中全会上正式提出，到2007年党的十七大把科学发展观作为党的指导思想写入党章，再到2012年党的十八大指出"面向未来，必须把科学发展观贯彻到我国现代化建设全过程、体现到党的建设各方面"，是对科学发展观的发展。"第二节 科学发展观的科学内涵和主要内容"。科学发展观，第一要义是发展，核心是以人为本，基本要求是全面协调可持续发展，根本方法是统筹兼顾；"第三节 科学发展观的历史地位"。科学发展观是马克思主义关于发展的世界观和方法论的集中体现，是中国特色社会主义理论体系的持续发展，是发展中国特色社会主义必须长期坚持的指导思想。

"第七章 科学发展观"在2015年版《毛泽东思想和中国特色社会主义理论体系概论》教材里没有独立成章，而是由"第八章 建设中国特色社会主义总布局"下的"第四节 建设社会主义和谐社会"里的第一目"建设社会主义和谐社会的总体思路"发展而来。旨在让青年大学生明确科学发展形成的时代背景，把握科学发展观的科学内涵、精神实质和根本要求，正确认识和理解科学发展观的历史地位，树立践行科学发展理念，增强对建设和谐社会的自信心，提高科学发展的自觉和能力；从而提高"四个意识"，坚定"四个自信"，做到"两个维护"厚植爱国主义情怀。

第二节 实践教学目标

教育目标是一切教育活动的起点和归宿。高等教育的目标既是一个理论问题，也是一个实践问题，它是高等教育在实现各种具体目标的终极追求和要求，同时也规定和影响着高等教育的价值取向，对教育活动起着导向作用。本章科学发展观的实践教学目标可细分为认知目标、情感目标、价值目标和能力目标等四个方面，具体如下：

一、认知目标

通过实践教学，引导青年大学生认识理解科学发展观形成的社会历史条件"是什么"，科学发展观的具体内容"是什么"，科学发展观的精神实质和根本要求"是什么"，科学发展观的历史地位"是什么"；进而使其明确科学发展观是在深刻把握我国基本国情和新的阶段性特征的基础上形成和发展的，是在深入总结改革开放以来特别是党的十六大以来实践经验的基础上形成和发展的，是在深刻分析国际形势、顺应世界发展趋势、借鉴国外发展经验的基础上形成和发展的；明确科学发展观是以人为本、全面协调可持续的发展观；明确科学发展观的第一要义是发展，核心是以人为本，基本要求是全面协调可持续，根本方法是统筹兼顾；明确科学发展观是我们党必须长期坚持的指导思想，是同马克思列宁主义、毛泽东思想、邓小平理论、"三个代表"重要思想既一脉相承又与时俱进的科学理论，指导党和国家全部工作的强大思想武器。

二、情感目标

通过实践教学活动，引导青年大学生在深刻理解科学发展观"是什么"的基础上，深刻把握科学发展观"为什么"必须摒弃以往绝大多数国家那种"先发展后治理"的传统发展理念，树立"以人为本"的全面的协调的可持续的科学发展理念，树立理论和实践相结合的理念，自觉提高贯彻落实科学发展观的政策意识，增强政治敏锐性；从而培育和提高青年大学生对党忠诚的情怀，最终树立实现共产主义理想信念的信心，以及对建设中国特色社会主义和谐社会的坚定意志与自信。

三、价值目标

通过实践教学活动，引导青年大学生摒弃传统的以污染环境为代价、以牺牲生态文明为基础的"先发展后治理"的传统发展理念，树立"以人为本，全面协调可持续"的科学发展观；引导青年大学生正确认识了解科学发展观是中国共产党在改革开放过程中不断认识不断发展的过程，而非一蹴而就的结论，增强对建设中国特色社会主义和谐社会的自觉性和自信心；引导青年大学生将自觉贯彻落实科学发展观作为自己应尽的义务和责任；培育青年大学生具有科学发展观的发展性态度。

四、能力目标

通过实践教学活动，引导青年大学生充分了解和正确认识科学发展观的重要意义和历史地位；认识了解科学发展观的形成是在我国建设和改革的实践中不断发展的过程，从而摒弃"先发展后治理"的传统发展理念，树立起"以人为本，全面、协调、可持续的发展"的新理念，即科学发展观，并将"科学发展观"落实和贯彻到建设中国特色社会主义和谐社会的具体实践中，增强对建设和谐社会的自觉性和自信心，提高建设中国特色社会主义和谐社会的能力。

第三节　实践教学设计

本教程设计的实践教学活动，既包括课堂内的实践教学活动，也包括课堂外的社会实践教学活动。无论课堂内的实践教学活动还是课堂外的社会实践活动，其总的设计思路，是本着贯通理论与实践、融通历史与现实、连通国际与国内、广泛传播"以人为本，全面协调可持续的发展"理念、传承以建设和谐社会主义文化，努力推动科学发展观由认知、认同转化为大学生践履笃行等原则，体现贯穿结合融入、落细落小落实的要求，选择紧贴现实问题和学生关切的问题开展实践教学活动，使青年大学生通过生动的语言、精彩的故事、深刻的阐释等多种多样的实践形式，在深刻把握科学发展观重大发展战略思想的基础上，达到践履笃行的重要目的。

一、教学设计原则

（一）坚持理论与实践相结合的原则

理论与实践相结合的原则是马克思主义的基本原则，也是我们党长期以来一贯坚持的优良传统。本章科学发展观的实践教学活动遵循理论联系实际，旨在使青年大学生在实践教学活动中，充分认识了解科学发展观理论思想的形成经历了一个产生、形成和不断发展的过程，而非一蹴而就，有其产生的历史背景和现实的社会基础，才能进而深刻理解和把握科学发展观理论思想的精神实质和战略意义，才能真正做到用理论武装头脑，进而指导实践，即将理论内化于心、外化于行。我们党的任何理论都是来源于实践，又指导实践。坚持理论与实践相结合的原则，主要就是培养青年大学生运用马克思主义的立场、观点和方法观察问题、分析问题和解决问题的能力。

（二）坚持历史与现实相结合的原则

科学发展观是我们党对改革开放发展经验的科学总结，对社会主义现代化建设规律认识的深化，反映了中国共产党对发展问题的新认识，体现了全面建设小康社会的迫切要求。同时，也是我们党对执政规律认识的进一步深化，是党的执政理念的一次重要升华，具有重要的现实意义和深远的历史意义。因此，科学发展观实践教学活动遵循历史与现实相结合的原则，旨在使青年大学生清楚我国改革开放二十多年以来，尽管经济社会、人民的物质生活水平有了长足的进步和发展，但是环境污染却十分严重，经济发展与社会发展、生态发展不协调、不和谐是科学发展观产生的现实基础，进而培育和增强青年大学生的历史观和发展观。

（三）坚持国际与国内相结合的原则

科学发展观理论不仅是对我国改革开放二十多年以来经济社会发展的直接经验教训的总结和理论升华，同时也借鉴了世界各国经济社会发展的间接经验和教训。因此，在本章设计实践教学活动时，遵循国际与国内相结合的原则，旨在培育青年大学生的国内视野尤其是国际视野，从而提高青年大学生的"四个意识"，坚定"四个自信"，做到"两个维护"。

本章实践教学设计思路除了坚持上述原则之外，还应该遵循坚持知识教育与价值认同教育结合，坚持集中性与分散性结合，坚持广泛性与可行性结合，坚持多样性与实效性结合等，请见本实践教程第六章第三节第一目相关内容，在此不再赘述。

二、教学设计方案

为帮助青年大学生更好理解和掌握本章理论教学的重难点内容和学生关切的相关社会热点问题，实践教学主要采用以问题为导向的案例式或者项目化教学方法，即 PBL 教学法，并辅助于混合式教学多种方式。PBL 教学法（见下图）主要包括课前问题预置或项目设计环节、制定方案和计划环节、探究实践环节、交流分享环节、反馈评价等环节。

1. 课前问题预置或项目设计环节

通过网络或传统纸质展开课程调研，广泛了解和掌握学生对本章"科学发展观"的认知，以及学生在科学发展观方面最关切的实际问题，比如，我们党为什么在改革开放二十多年后提出了科学发展观（根本依据是

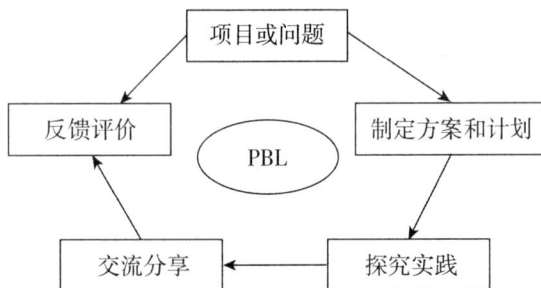

图 1　PBL 教学法示意图

什么），科学发展观的重大意义是什么，核心为什么是"以人为本"，第一要义为什么是发展，基本要求为什么是全面协调可持续，根本方法为什么是统筹兼顾，深入贯彻和落实科学发展观为什么必须积极构建社会主义和谐社会等等，从而发现学生理论学习的薄弱点和不足，以及学生的思想困惑等问题。

2. 制定教学方案和计划环节

根据教育规律和学生的认知规律，紧紧围绕上述调研所掌握的学生在理论学习方面的薄弱点和不足，以及学生的思想困惑和实际关切问题，制定教学方案和计划，使学生在实践活动中或在完成项目化教学过程中强化理论的理解和掌握，解答困惑。

3. 精心组织探究式实践环节

学生经过理论学习后，运用掌握的理论知识分析教学案例从而提高认识和能力，是本实践教学环节的主要教学目的。

首先，案例导入法切入本讲实践教学活动。万事开头难。好的开头能够成就整个事情。良好的课程导入能够紧紧抓住学生的眼球，吸引学生的注意力，调动学生学习的积极性和主动性，充分发挥学生的主观能动性和开拓进取的精神，达到事半功倍教育效果。因此，在课程导入环节，紧密联系实际，精心设计教学案例，"润物细无声"地切入本讲主题。结合本章科学发展观理论教学的重难点，建议精心选用 2020 年新冠疫情为教学案例切入本讲实践教学活动的主题。

其次，实践教学案例的分享与研讨。教师紧紧围绕学生关切的社会热点难点问题或学生的思想困惑，紧密联系社会现实，精心设计探究式的教学案例，并将教学案例以多种方式比如讲故事的方式、多媒体演示的方式、微视频的方式等分享给学生。学生以小组为单位围绕教学案例预置的研讨问题展开分析和研讨，并在小组内形成共识后，自拟题目形成实践研究报告或实践心得或研究论文等，每小组选出一名代表，代表本小组到课堂上与大家分享本小组的研究成果。

4. 实践成果交流与分享环节，即学生能力展示环节

实践成果交流与分享环节，也是学生能力展示环节。在本环节，小组代表在课堂上对本小组的研究成果进行呈现并对此进行简明扼要的说明，研究成果呈现的形式不限，可以是多媒体演示报告、微视频、微文本，也可以是演讲稿、实践报告、研究论文等多元方式。

5. 反馈评价环节

反馈评价环节，也是学生能力提升与价值塑造的环节。在本环节，小组代表在课堂上展示研究成果后，其他同学和教师均可就该小组演示的研究成果中某个问题或某一点进行现场提问，其小组任何一个成员均可解答。然后，教师就该小组的研究成果，以及研究成果展示的形式等进行总结性评价。最后，对展示小组进行民主评价。

三、实践教学设计的特点

1. 实践教学的定位上体现养成性

遵循学生认知规律和政治思想养成规律，引导学生深入社会生活实际，在实践活动中理解和掌握理论，并将理论思想内化为自身的信念和意志，从而养成良好的行为习惯和品格。

2. 实践教学的内容设计上体现职业性

实践教学活动要结合职业特点和行业特征而设计。各行业优质的服务除了要求过硬的专业服务技能之外，还需要从业人员具备良好的职业基本素养。职业基本素养，源于强烈的责任感和敏锐的观察力，它体现了对从

业者的尊重和关心，无形中会提高行业的服务意识和职业性。

3. 实践教学的过程中关注体验性

无论是课堂内实践还是课堂外实践都注重学生的情感体验、价值体验和行为体验，并要求学生写出实践心得体会或论文，这有利于学生把丰富的情感体验上升为理性认识，使学生在体验中感悟理论的价值和接受教育，在体验中养成优良品质和良好的行为习惯。

4. 实践教学在环境上体现开放性

广泛利用校内条件和校外社会资源，与社会建立多种形式的合作，坚持"走出去"和"请进来"并举。通过建立实践基地、开设专家讲座、校内外志愿服务、顶岗实习等方式，让学生走出书本和课堂，走向广阔的社会生活实践。

5. 实践教学在目标上突出能力培养

能力的培养备受关注，已成为人才培养的重要内容。思想政治理论课实践教学要使学生在完成任务的过程中，培养创新能力、适应能力、合作能力、交际能力、分析判断能力，以及自主创新能力和独立实践能力等。①

第四节　实践教学安排

一、课时安排

根据本章内容和在整个课程体系所占比重，建议 6 个学时，其中 2 个学时课下查阅资料、分组研讨、形成研究成果；2 个学时课上研究成果分享、研讨和互评，2 个学时小组形式开展校内外社会调研和参观考察，并进行现场交流和研讨等。

---

① 曹常玲. 在科学发展观指导下创新思想政治理论课实践教学［J］. 中国成人教育，2010（14）：158-159.

二、教学地点

本章实践教学活动由课内实践教学活动与课外实践教学活动两部分组成，课内实践教学活动的地点或场所，主要以教室、小会议室、礼堂等为教学场所；课外实践教学活动主要是指社会实践教学活动，因此，课外实践教学活动的地点或场所，除了上述地点场所之外，校外主要有社区、街道、企业、实践基地，校内主要有校办企业、图书馆，学生活动中心，宿舍，楼道等场所。

三、教学形式

根据本章重要内容、教学重难点与学生的思想困惑、实际关切等设计本章的实践教学活动的教学形式。主要有查阅文献资料，理论梳理，社会调研，案例分析，主题研讨，主题辩论赛，角色扮演，参观实践基地等教学形式。具体内容如下所见。

第五节　实践教学形式

"第七章　科学发展观"作为十六大以来党的重大理论成果，是建设中国特色社会主义伟大事业、实现中华民族伟大复兴必须长期坚持的科学发展思想，无论在现实还是在本教材中都显得尤为重要。科学发展观，第一要义是发展，核心立场是以人为本，基本要求是全面协调可持续，根本方法是统筹兼顾。因此，为了让当代青年大学生深刻了解科学发展观理论提出的现实背景和理论渊源，深刻把握科学发展观的核心要义和主要内容，明白科学发展观的历史地位和重要意义，根据本章在教材中的地位和作用，围绕本章的重难点知识，结合学生的实际关切设计本章实践教学形式与内容。

一、实践教学活动形式一

——关于"科学发展观理论来源"设计实践活动

（一）实践目的：对马克思主义经典作家关于"发展理念"或"发展思想"的理论思想进行理论梳理，使学生明白任何理论思想的提出和形成，都是有理论渊源和思想来源的。

（二）实践主题：以"发展理念"为主题。

（三）实践形式：理论梳理。

（四）实践成果：实践报告、实践心得体会、论文等。

（五）组织实施：

1. 时间："第一节 科学发展观的形成"课前、课后；

2. 地点：图书馆、小会议、教室；

3. 类型：理论梳理；

4. 步骤：

第一，围绕主题查阅资料，收集资料；

第二，理论梳理。对马恩列斯关于"发展理论"的思想进行梳理；对马克思主义中国化理论成果中关于"发展理念"的思想进行梳理；将理论梳理获得的成果制作成微视频、PPT、微文本等形式；

第三，课堂上与大家分享和交流；

第四，围绕理论梳理和实践活动，撰写并提交实践报告、实践心得体会、论文等；

第五，考核，存档。

二、实践教学活动形式二

——根据"提出科学发展的现实背景"设计实践教学活动

（一）实践目的：以"提出科学发展的现实背景"为实践主题，展开社会调研和专家访谈，使学生明白任何理论思想的提出，都是有现实根据的。

（二）实践主题：以"提出科学发展的现实依据"为主题。

（三）实践形式：以社会实践调研、面对面咨询个别人或人群、拜访专家学者等形式开展社会实践调研。

（四）实践成果：以社会实践调研报告、社会实践心得、研究论文等形式呈现社会实践成果；也可将社会实践成果制作成微视频、PPT、微文本等形式进行展示和分享；公开发表研究论文等。

（五）组织实施：

1. 时间：在"第一节　科学发展观的形成条件"之前或之后；

2. 地点：课外实践活动；

3. 类型：社会调研；

4. 步骤：

第一，分小组，分任务；围绕实践主题查阅资料，撰写调研、咨询和访谈提纲；

第二，开展社会调研、咨询、专访，收集资料；

第三，分组进行研讨、交流，小组内形成共识；并将研究成果制作微视频、PPT、微文本等；

第四，课内分享，或者举行课外研讨会进行分享；

第五，撰写并提交社会实践报告、实践心得、研究论文等；

第六，考核，存档。

三、实践教学活动形式三
——根据"科学发展观的核心要义"设计实践教学活动

（一）实践目的：在明确"科学发展观的核心要义是发展"后，发展方式即如何发展就成了科学发展的重要问题。目前世界上存在两种不同的发展方式，即"先发展后治理"和"边发展边治理"。对此，人们有个认识过程，众说纷纭，还未形成共识。为了明辨科学发展方式及其重要性，以"先发展后治理"还是"边发展边治理"为主题开展主题辩论会。使青年大学生在准备辩论资料、辩论过程中深化对发展方式的正确认识、深刻理解，提高学生的认识水平和实践能力。

（二）实践主题：以"发展方式"为主题。

（三）实践形式：以"先发展后治理"还是"边发展边治理"为辩题开展辩论赛。

（四）实践成果：辩论赛的视频、录像、图片，正反双方的辩论稿，撰写辩论赛的心得体会，提交存档。

（五）组织实施：

1. 时间：在"第二节第一目下第一个问题'发展是科学发展观的第一要义'"之前或之后

2. 地点：教室

3. 类型：辩论赛

4. 步骤：

第一，提前1-2周时间布置辩论会的任务；确定辩论赛的正反方成员，选拔男女各一名主持人，邀请评委成员、嘉宾和摄影录像等服务人员。一般以观点一致或相近者为原则分组，观点中立者作为评委或嘉宾；

第二，准备辩论资料，撰写辩论词；

第三，辩论过程；

第四，评委和嘉宾对辩论双方进行打分、评价；

第五，整理并提交将辩论赛现场的照片、摄影和录像等；

第六，考核，存档。

四、实践教学活动形式四
——根据"科学发展观的科学内涵"设计实践教学活动

（一）实践目的：以"科学发展观的科学内涵"为主题，展开理论宣讲活动，使学生在准备和宣讲过程中，深化对科学发展观基本内容的理解和把握；牢记科学发展观的第一要义是发展，核心是以人为本，基本要求是全面协调可持续，根本方法是统筹兼顾；提高学生的语言表达能力和逻辑思维能力；对科学发展观形成共识；着力用理论武装头脑，以理论指导实践，推动工作向前向好发展。

（二）实践主题：以"科学发展观的科学内涵"为主题。

（三）实践形式：以角色扮演的形式进行理论宣讲。

（四）实践成果：撰写理论宣讲的心得体会，提交存档。

（五）组织实施：

1. 时间：在"第二节第一目科学发展观的科学内涵"之前成立后

2. 地点：教室、社区、宿舍、礼堂

3. 类型：角色扮演、理论宣讲、演讲

4. 步骤：

第一，围绕主题查阅、收集资料；

第二，撰写理论宣讲稿，或 PPT、微视频、微文本等；

第三，课内给同学宣讲；深入社区向居民宣讲；进宿舍宣讲等；

第四，撰写并提交实践报告、理论宣讲的心得体会、论文；

第五，考核，存档。

五、实践教学活动形式五
——根据"落实和践行科学发展观"设计实践教学活动

（一）实践目的：以"落实和践行科学发展观"为主题开展探究式论坛，具体探究或交流科学发展观指导下个体的发展问题，以及个体与群体、人与自然和谐共生、和谐发展的问题，通过探究、讨论或交流，提高学生对科学发展观的正确认识、理解和把握，提高学生对科学发展观的自我意识，真正使科学发展观内化于心，外化于行，强化践行科学发展观的自觉性和能力。

（二）实践主题：围绕"落实和践行科学发展观"进行访谈交流活动

（三）实践形式：以论坛方式，探究、研讨、交流科学发展观视域下，个体发展问题，以及个体与群体、人与自然和谐共生、和谐发展的问题。

（四）实践成果：撰写实践报告、论坛心得体会、研究论文等。

（五）组织实施：

1. 时间：主要用于"第二节第二目科学发展观的主要内容"之后的课外

2. 地点：会议室、教室、宿舍、图书馆等

3. 类型：论坛、发言

4. 步骤：

第一，向参加论坛者发邀约；根据参论人数，决定论坛场所；

第二，围绕主题准备论坛资料，撰写论坛提纲；

第三，召开论坛，主题发言，交流、研讨；

第四，撰写并提交实践报告，论坛心得体会，论文；

第五，考核，存档。

六、实践教学活动形式六
——根据"科学发展观的历史地位"设计实践教学

（一）实践目的：以"科学发展观的历史地位"为主题，通过朗诵、角色表演、专家访谈等形式，引导学生深化对科学发展观的正确认识和理解，增强科学发展意识，提高科学发展自觉和能力。

（二）实践主题：以"科学发展观的历史地位"为主题

（三）实践形式：围绕"科学发展观的历史地位"，撰写朗诵稿，或对专家进行访谈，或进行表演等。

（四）实践成果：朗诵稿，专家访谈记录，角色表演的照片或录像，撰写实践活动的心得体会等。

（五）组织实施：

1. 时间：在"第三节科学发展观的历史地位"之后的课中或课外

2. 地点：教室，会议室，礼堂

3. 类型：朗诵，表演，采访

4. 步骤：

第一，围绕实践主题，撰写朗诵稿，或编写表演脚本，或编写采访提纲等；

第二，练习、排练、采访；

第三，朗诵、表演、访谈；

第四，撰写并提交实践报告，实践心得体会，论文等；

第五，考核，存档。

第五节 实践教学内容

实践教学形式与实践教学内容是构成实践教学的两大重要组成部分。内容决定形式，形式为内容服务，二者缺一不可。与上述实践教学形式相适应的实践教学内容设计，主要包括课前了解学情环节，章节导入环节，教学内容安排和组织实施环节，教学反思环节，问题整理、形成提案环节等五方面的内容。

一、课前了解学情环节

1. 目的意义。实践教学是强化理论认知、提升价值情怀、落实到实际行为的关键性教学活动，必须做到有的放矢、知己知彼才能百战不殆。因此，为了解学生掌握本章理论知识状况和利用所掌握的理论知识分析问题、解决问题的能力以及他们在本章所关切的实际问题等而设计本实践教学环节。

2. 方式方法。建议通过网络调查、纸质问卷调查、面对面咨询或个别访谈等方式，掌握学生的学情。

3. 调研内容。结合本章的重难点和学生实际关切，建议课前了解学生的问题主要有：

（1）科学发展观提出的现实依据是什么？

（2）科学发展观理论来源有哪些？

（3）马克思主义经典作家关于"发展理论"的理论思想有哪些？

（4）科学发展观形成的国内外条件是什么？如何理解它？

（5）科学发展观的形成过程大致有几个阶段？

（6）科学发展观的科学内涵？如何理解它？

（7）科学发展观的主要内容有哪些？

（8）如何理解科学发展观的历史地位和指导意义？

（9）如何贯彻和落实科学发展观？

（10）你如何利用科学发展理论解释我们党坚持严厉打击假冒伪劣产品？

（11）生产力就是人类征服自然的能力。因此，提倡大力发展生产力，就是人类可以无限制地开发利用自然？这个提法为什么是错误的？

（12）建设社会主义和谐社会的基本内容有哪些？

（13）如何理解我们党提出科学发展观的重大意义？

……

4. 设计优点。通过课前调研，教师可以充分了解学生掌握本章理论的状况和学生运用理论思想分析问题、解决问题的能力；了解学生学习的薄弱点和不足、学生的思想困惑；了解学生学习本章的现实关切是什么，从而有助于教师有针对性地开展实践教学，这有利于教师联系中国改革的实际，联系青年学生的思想实际，及时调整教育模式和教学方法及其进度等，切实加强实践教学的针对性，提高时效性。

二、章节导入环节

（一）导入方法

建议主要采用问题链（式）导入法或者案例导入法。

（二）如果采用问题链导入，建议预置问题如下

1. 我国为什么在历经改革开放二十多年发展后提出了"科学发展"这个问题？

2. 难道改革开放二十多年后，发现了我们曾经的发展有问题？

3. 如果有问题的话，那么问题主要出现在哪里？

……

（三）如果采用案例导入，建议采用精选案例

"非典"及"新冠肺炎疫情"警示与警惕"拉美陷阱"

2020年初新型冠疫情（简称"新冠肺炎疫情"）突袭荆楚大地，蔓延波及全国，这场疫情不难使人想起2003年那场"非典"。

1. 呈现教学案例。以PPT或者微视频形式呈现案例，并用生动的语

言以讲故事的方式将案例梗概讲述给学生。案例文本如下：

教学案例（一）："非典"与"拉美陷阱"

"非典"的警示：

资料来源：根据天极网科普频道"2003年3月12日世界卫生组织发出SAR全球警报"（http：//news. yesky. com/kepu/milestone/41/101146541. shtml）整理。

"新冠病毒源自自然界"的警示：

数据来源：财新网 http：//www. caixin. com/2020-09-04/101601169. html

"拉美陷阱"的警示：

资料来源：摘自《光明网》与豆丁网 https：//www. docin. com

2. 切入讨论题。根据案例渲染的教学主要内容，设计的问题如下：

（1）谈到2003年中国的"非典"，你马上想到了什么？

（2）为什么中国内地是"非典"重灾区，联系2020年发生的新冠疫情，给我国发展的重要启示是什么？

（3）什么是"拉美陷阱"？

（4）"拉美陷阱"给我国社会主义现代化建设的启示是什么？

（5）为什么把"非典"与"拉美陷阱"这两件风马牛不相及的事，放在一个案例里研讨？

3. 思考、研讨问题。学生独立思考或分小组研讨，形成共识后选派小组代表发言；

4. 民主评价。师生对学生观点进行民主评析；

5. 教师作总结性评述。根据"思考讨论"题目，结合案例进行评述；

6. 教学建议。本教学案例可以应用于第七章第一节提出科学发展观的依据和原因的教学中。具体而言，就是应用于"提出科学发展观的内外部经验教训"的教学中。

（四）问题链（式）导入的优点

问题链（式）导入就是利用青年大学生的好奇心理和勇于探索问题的特点，将学生的注意力吸引到课堂上，集中注意力，专注教师的问题；引导学生跟着教师教学设计的思路循序渐进地发动脑筋分析问题、解决问题；引领青年学生的价值导向，形成正确科学的价值判断。

（五）案例导入的优点

采用精选案例"非典"与"拉美陷阱"作为教学案例，一是真实性强；二是"非典"是我国境内发生的事件，"拉美陷阱"是外国发生的事件，既具有代表性又具有普遍性，容易引起学生的情感共鸣，形成价值共识，增强教育教学的实效性；第三，关键是当前在校学生都是2020年初发生新冠病毒疫情的亲历者和见证者，由发生在学生身边的新冠疫情很容易将他们"带入"或带他们追溯到2003年主要发生在我国内地的"非典"，这种关联或过渡比较顺畅自然，而"非典"又是我国当时提出"科学发展"的直接导火索。因此，利用本案例最大优点就是真实性和现实性，说服力较强。

三、教学内容安排和组织实施环节

围绕本章理论教学的主要内容、重难点以及学生的思想困惑和现实关切，建议本章实践教学内容安排如下：

（一）根据"第一节　科学发展观的形成"的实践教学内容安排

1. 实践任务：围绕"科学发展观的理论来源"设计"马克思主义关于'发展理念'的理论思想梳理"实践教学活动，旨在使青年学生对马克思主义经典作家和中国特色社会主义关于"发展理念"或"发展思想"进行理论梳理。

2. 实践要求：（1）分小组完成任务；（2）课前学生查阅文献资料完成理论梳理，并以微文本、微视频或PPT等形式，在课堂上汇报演示，与大家分享；（3）课后每小组需要提交一份实践报告或一篇实践心得体会或论文。

3. 实践目标：（1）了解马克思主义经典作家和马克思主义中国化理论成果中关于发展理念的理论思想；（2）增强对科学发展理论的认识、理解和把握，对科学发展观形成共识；（3）培养学生查阅文献资料的能力、理论分析能力、概括综合能力；（4）提高学生团结协作的意识和能力。

4. 课堂上学生汇报分享理论梳理的成果过程（略）

5. 教师对本讲实践教学活动作总结性评述

关于"发展理论"的思想梳理，分如下两部分进行梳理，一方面是马克思主义关于"发展理念"的理论思想；另一方面是马克思主义中国化理论成果中关于发展理念的理论思想。

其中，马克思主义关于"发展理念"的主要思想，一是，强调把努力促进人的全面发展作为创建未来社会的本质要求。《共产党宣言》中写道："代替那存在着阶级和阶级对立的资产阶级旧社会的，将是这样一个联合体，在那里，每个人的自由发展是一切人的自由发展的条件。"二是，马克思主义关于发展的理论还强调人类社会发展的科学性。"人们自己创造自己的历史，但是他们并不是随心所欲地创造，并不是在他们自己选定的条件下创造，而是在直接碰到的、既定的、从过去继承下来的条件下创造。"①

其中，马克思主义中国化理论成果中关于"发展理念"的理论思想。

毛泽东关于"发展理念"的主要论述有：我国在社会主义改造完成后"根本任务已经由解放生产力变为在新的生产关系下面保护和发展生产力"；"世间一切事物中，人是第一可宝贵的"，要多快好省地建设社会主义。

马克思主义者认为人类的生产活动是最基本的实践活动，是决定其他一切活动的东西。人的认识，主要地依赖于物质的生产活动，逐渐地了解自然的现象、自然的性质、自然的规律性、人和自然的关系；而且经过生产活动，也在各种不同程度上逐渐地认识了人和人的一定的相互关系。一切这些知识，离开生产活动是不能得到的。②

邓小平关于"发展理念"的主要论述有：解放思想，开动脑筋，实事求是，团结一致向前看，首先是解放思想。

只有思想解放了，我们才能正确地以马列主义、毛泽东思想为指导，

---

① 马克思，恩格斯. 马克思恩格斯选集：第 1 卷 ［M］. 北京：人民出版社，1995：585.

② 毛泽东《实践论》（1937 年 7 月），《毛泽东选集》第 2 版第 1 卷第 282-283 页.

解决过去遗留的问题，解决新出现的一系列问题，正确地改革同生产力迅速发展不相适应的生产关系和上层建筑，根据我国的实际情况，确定实现四个现代化的具体道路、方针、方法和措施。①

江泽民关于"发展理念"的主要论述有：我们党已经制定和形成了一条建设有中国特色社会主义的路线和一系列基本政策。

概括地说，就是小平同志多次指出、最近再次强调的，以经济建设为中心，坚持四项基本原则，坚持改革开放。这是我们有信心做好工作的根本的、坚实的基础。这次中央领导机构做了一些人事调整，但是，党的十一届三中全会以来的路线和基本政策没有变，必须继续贯彻执行。在这个最基本的问题上，我要十分明确地讲两句话：一句是坚定不移，毫不动摇；一句是全面执行，一以贯之。②

胡锦涛关于"发展理念"的主要论述有：科学发展观，就是以胡锦涛为核心的党中央，应对经济社会发展的新情况、新变化及时调整发展观念和发展方式的建设，创新提出了"以人为本，全面协调可持续的发展"。

2003 年 10 月，以胡锦涛同志为核心的党中央在党的十六届三中全会明确提出，要"坚持以人为本，树立全面、协调、可持续的发展观"，是我们党对二十多年来改革开放实践经验的科学总结，对社会主义现代化建设规律认识的深化，反映了中国共产党对发展问题的新认识，体现了全面建设小康社会的迫切要求。同时，也是我们党对执政规律认识的进一步深化，是党的执政理念的一次重要升华，具有重要的现实意义和深远的历史意义。2007 年 10 月，中共十七大对科学发展观的时代背景、科学内涵、精神实质和根本要求作了全面系统的概括。报告指出："科学发展观，第一要义是发展，核心是以人为本，基本要求是全面协调可持续，根本方法是统筹兼顾。"2012 年 11 月，中共十八大把科学发展观确定为党必须长期坚持的指导思想。

---

① 邓小平《解放思想，实事求是，团结一致向前看》（1978 年 12 月 13 日），《邓小平文选》第 2 卷第 141 页.
② 江泽民《在党的十三届四中全会上的讲话》（1989 年 6 月 24 日），《江泽民文选》第 1 卷第 57 页.

习近平关于"发展理念"的主要论述有：在中国特色社会主义建设进入新时代，以习近平同志为核心的党中央提出了"创新、协调、绿色、开放、共享"的"五大"发展理念。

习近平总书记在党的十八届五中全会上指出，五大发展理念是在深刻总结国内外发展经验教训和分析国内外发展大势基础上形成的，创新发展注重解决发展动力问题，协调发展注重解决发展不平衡问题，绿色发展注重解决人与自然和谐问题，开放发展注重解决发展内外联动问题，共享发展注重解决社会公平正义问题。

新发展理念传承党的发展理论，坚持以人民为中心的发展思想，进一步科学回答了实现什么样的发展、怎样实现发展的问题，深刻揭示了实现更高质量、更有效率、更加公平、更可持续发展的必由之路，开拓了中国共产党人关于科学发展的新境界。

总之，通过该实践教学活动，引导青年学生认识到任何理论的形成都有其理论渊源，而非凭空产生的。

6. 教学建议：建议本实践教学活动的教学内容应用于"第一节　科学发展观的形成"课中，但是学生查阅文献资料对"发展理念"进行梳理要安排在课前进行。

（二）根据"第二节　科学发展观的科学内涵和主要内容"的实践教学内容安排

1. 实践任务。围绕"科学发展观的科学内涵和主要内容"设计课堂案例分析实践教学活动，即教学案例（二）坚持"以人为本"执政理念，围绕本案例思考什么是"以人为本"？构建社会主义和谐社会，为什么必须坚持"以人为本"？旨在使青年学生深化对科学发展观科学内涵和主要内容的理解和把握；深刻把握科学发展观的第一要义是发展，核心是以人为本，基本要求是全面协调可持续，根本方法是统筹兼顾。

2. 实践要求。（1）围绕思考问题，分小组先进行组内研讨，形成共识后，制作成微文本、微视频或PPT演示文档等；（2）课堂上，小组代表汇报各小组研讨后形成的共识；（3）将研讨共识整理成实践报告，或心得体会，或论文，提交存档。

3. 实践目标。（1）深化对科学发展观科学内涵和主要内容的理解和把握；（2）强化分析问题和解决问题的能力；（3）提高协作的意识和能力。

4. 呈现案例文本及其预置的思考问题：

（1）案例文本。教学案例：坚持"以人为本"执政理念

家住梅林一村的黄太对记者说，她在梅林一村住了好些年了，周围环境干净整洁，文体设施也很齐全，每天都是开开心心、乐乐呵呵的，身子骨越来越硬朗。在深圳，像梅林一村这样温馨舒适、深受老百姓喜爱的社区还有许多座。这是深圳市委市政府坚持"以人为本"的执政理念，以"建设和谐深圳"为目标，着力为老百姓营造和谐温馨的居住家园。

温馨之家：让外来工都能享受到家的温暖

深圳是座移民城市，外来人口多。目前在深圳居住的 1000 多万人口中，户籍人口仅 146 万，其他都是劳务工和外来流动人口。劳务工的权益是否有保障，对建成"和谐深圳"至关重要。深圳市委市政府本着"权为民所用、情为民所系、利为民所谋"的执政理念，对数百万劳务工给予了特别的关爱。

出外打工的人最怕的就是生病。为了从根本上解决劳务工看病难、看不起病的问题，深圳市 2005 年 2 月 23 日出台了《深圳市劳务工合作医疗试点办法》，规定每名劳务工每月只需缴纳不到 10 元钱，就可以享受从门诊到住院的医疗保障。合作医疗试点一旦全面铺开，将使 600 万在深劳务工受益。

友爱之家：让党的关怀渗透到城市每个角落

社会治安好不好，关系到每个居住生活在深圳的人是否有安全感的问题。深圳市委主要领导多次说："社会治安搞不好，其他环境再好也等于零。人们没有安全感，谁还愿意来深圳居住，谁还敢来深圳发展？"为了给市民营造一个平安的"家"，尽管深圳对政府人员编制一减再减，但市委市政府还是作出决策：增加警察 3000 名。

对没钱在深圳打官司的，深圳有关部门会提供免费的法律援助。几年来，深圳的各级法律援助机构共义务接待群众来访和解答法律咨询计 24 万

人次；组织办理法律援助案件逾万宗。2004 年，全市受理法律援助案件达 3978 宗。

对没有工作的，给予再就业援助。深圳多年来一直在大力实施再就业工程，并通过多层次的技能培训，提高失业人员的就业竞争能力。2004 年，又推出了"关爱·自立"行动，并为不同年龄阶段、不同就业需求和不同类型的失业人群量身定制援助方案。2019 年，深圳市强化失业人员培训，支持各类职业院校、技工院校、普通高等学校、职业培训机构和符合条件的企业承担失业人员职业技能培训或创业培训。2020 年，加强托底安置就业。对生活困难又不符合失业保险金领取条件的失业人员，按每人5000 元给予一次性临时生活补助。对生活困难的失业人员及家庭，按规定纳入最低生活保障、临时救助等社会救助范围。享受城市居民最低生活保障人员实现再就业后，其家庭人均月收入达到或超过当地最低生活保障标准的，应主动申报经民政部门确认后可继续保留 6 个月低保待遇。

和谐之家：让每个人都享受到深圳的发展成果

为了让市民有一个温馨的生活环境，2019 年，深圳市本级政府投资重点投向城市基础设施、民生服务、生态文明建设、产业创新配套四大领域。2019 年市本级政府投向原特区外及特区一体化项目投资约 512 亿元，占年度投资规模 83.9%，同比提高 2.9 个百分点。

为了让市民有一个温馨的生活环境，2019 年深圳市新建和改造提升各类公园 60 个，全市公园总数达到 960 个，人均公园绿地面积 15.95 平方米。全年建设筹集人才住房和保障性住房 8.9 万套、供应 4.6 万套。全年共安排治水提质项目 397 个，完成河道整治 152.6 公里，146 个黑臭水体得到治理，污泥无害化处理率达 100%，新建污水管网长度 2855 公里，新建海绵城市达标面积 55 平方公里。

（2）思考讨论问题：

结合案例回答什么是"以人为本"？

构建社会主义和谐社会，为什么必须坚持"以人为本"？

5. 学生思考、讨论、回答过程（略）

6. 民主评价过程（略）

7. 教师围绕思考问题进行总结性评述如下：

坚持以人为本，是要以实现人的全面发展为目标，从人民群众的根本利益出发谋发展、促发展，不断满足人民群众日益增长的物质文化需要，切实保障人民群众的经济、政治和文化权益，让发展的成果惠及全体人民。

构建社会主义和谐社会必须坚持以人为本，努力做好关系群众切身利益的突出问题。在构建社会主义和谐社会的过程中，首先，要全面贯彻尊重劳动、尊重知识、尊重人才、尊重创造的方针，努力营造鼓励人们干事业、支持人们干成事业的社会环境。其次，要妥善协调各方面利益关系，反映不同阶层不同方面的不同呼声，让更广大的人民群众都能够享受到改革与发展的成果。再次，要健全社会利益的沟通渠道和协调机制，充分满足不同利益集团合理的利益诉求。从次，要建立健全社会预警体系，提高保障公共安全和处置突发事件的能力。最后，要完善正确处理人民内部矛盾的工作机制健全信访工作责任制，努力做好群众工作。

8. 教学建议。本案例可用于有关中国共产党坚持"以人为本"执政理念的教学方面，具体可用在第七章第二节"科学发展观的科学内涵和主要内容"的教学方面。

（三）根据"第三节　科学发展观的历史地位"的实践教学内容安排

1. 实践任务：以"科学发展观的历史地位"为主题进行角色表演活动，本活动由主题朗诵、三句半表演及名人访谈录等形式组成，这些角色表演活动，使学生在完成角色表演的整个过程中，深化对科学发展观历史地位和意义的理解和把握，培育对科学发展的情感和价值，增强科学发展意识，提高科学发展的自觉性和能力。

2. 实践要求：（1）分组，以学生的兴趣特长分三个小组，分别是朗诵组，三句半表演组，名人访谈组；（2）查阅资料，撰写朗诵稿、三句半词、访谈提纲，并对此进行反复修改、完善和提高；（3）提交最终的朗诵稿、三句半稿和名人访谈录像等资料，存档。

3. 实践目标：（1）深化对科学发展观历史地位和重要意义的理解和

把握；（2）锻炼学生的朗诵、表演和实践能力；（3）提高团队协作的意识和能力。

4. 举办角色表演活动：活动由朗诵、三句半表演、播放名人访谈录像等穿插表演。

5. 师生对角色表演进行民主打分（略）

6. 教师进行总结性评述（略）

7. 教学建议：本教学活动可用在"第三节科学发展观的历史地位"的课中或课外均可。

四、活动反思、主题研讨

（一）活动反思

（1）本章设计的实践教学活动的开放性不够。如上所述，在本章设计的案例教学活动中，即教师根据案例预置讨论问题或思考题，然后让学生结合教学案例和围绕思考题，对案例进行分析、讨论、得出结论的过程。在此过程中，学生能够发挥自己能动性的地方不多，学生更多的是按照教师设计问题一环紧扣一环分析和思考才能得出合理的结论，否则就会得出与事实相悖的结果，这就说明了教学活动开放性不足。

至于设计对"发展理论"进行理论梳理的教学活动，尽管只是文本研究，但是可以锻炼学生的阅读能力和理论思考能力，训练学生的语言综合能力和概括能力，提升学生的理论欣赏水平和理论素养。一般而言，像理论梳理这样的实践活动对于高职学生而言难度较大，但是意义和价值也比较大，所以建议多设计类似的实践教学活动。

（2）主题研讨。"第七章科学发展观"共有三小节内容组成，分别是"第一节科学发展观的形成""第二节科学发展观的科学内涵和主要内容""第三节科学发展观的历史地位"，但是围绕这一、二节的主要内容及其所涉及的每个具体问题均可设计主题研讨。换言之，最适合本章的实践教学活动形式主要就是主题研讨教学形式。具体如下：

（二）围绕本章设计主题研讨的思考及其研讨主题

（1）围绕"第一节科学发展观的形成"设计的主题研讨分别由两部分

组成，分别是围绕"一、科学发展观的形成条件"设计主题研讨会的思路是，以发生在现实生活中的实际案例为依据，来说明或讨论科学发展观形成的现实依据、实践基础、时代背景，具有真实性。同时，使学生对党的路线、方针和政策的提出、形成、完善、提升等过程有一定认识，并在认识和了解的基础，有效掌握理论所形成的实质和意义。

一是，围绕"科学发展观的形成条件"可以设计三个主题研讨，分别展开研讨。研讨问题分别是：

主题研讨一：以现实中发生的真实案例，说明或讨论科学发展观形成的现实依据有哪些？

主题研讨二：以现实中发生的真实案例，说明或讨论科学发展观形成的实践基础是什么？

主题研讨三：以现实中发生的真实案例，说明或讨论科学发展观形成的时代背景是什么？

二是，围绕"科学发展观的形成过程"可以设计一个综合性的主题研讨会，即以时间顺序和现实发生的重大事件为逻辑，展开主题研讨。

主题研讨四：以时间顺序和现实发生的重大事件为逻辑，讨论科学发展观的形成过程？

（2）围绕"第二节科学发展观的科学内涵和主要内容"可以设计两个大的主题研讨，也可以围绕每一个小问题设计一个小的主题研讨。具体如下：

一是，围绕"一、科学发展观的科学内涵"建议设计一个主题研讨，为了细化问题也可以将这个比较大的问题，分解为四个小的主题展开讨论，其意义和价值不变。分别是：

主题研讨五：为什么说科学发展观，第一要义是发展？

主题研讨六：为什么说科学发展观，核心立场是以人为本？

主题研讨七：为什么说科学发展观，基本要求是全面协调可持续？

主题研讨八：为什么说科学发展观，根本方法是统筹兼顾？

但是鉴于时间限制，建议选择上述主题研讨五与主题研讨六展开课堂研讨即可。

二是，围绕"二、科学发展观的主要内容"设计主题研讨时，建议围绕"构建社会主义和谐社会"主题设计一个主题研讨。正如教材第163页倒数第二自然段内容所言"我们要构建的社会主义和谐社会是经济建设、政治建设、文化建设、社会建设、生态文明建设协调发展的社会，是人与人、人与社会、人与自然整体和谐的社会。"因此，围绕构建社会主义和谐社会为主题设计主题研讨，展开可以说明科学发展观的主要内容，并且意义重大，价值导向明确。

主题研讨九：什么是社会主义和谐社会？社会主义和谐社会的总要求是什么？

五、问题整理、形成提案

围绕本章主要内容设计的思考问题可形成的提案如下：

1. 科学发展观形成的现实依据有哪些？

2. 科学发展观形成的实践基础是什么？

3. 科学发展观形成的时代背景是什么？

4. 如何理解和把握解科学发展观的第一要义是发展？

5. 如何理解和把握科学发展观的核心立场是以人为本？

6. 如何理解和把握科学发展观的基本要求是全面协调可持续？

7. 如何理解和把握科学发展观的根本方法是统筹兼顾？

8. 什么是社会主义和谐社会？社会主义和谐社会的要求是什么？

9. 如何理解和把握社会主义和谐社会的基本要求？

10. 什么是"以人为本"？

11. 构建社会主义和谐社会，为什么必须坚持"以人为本"？

第六节　实践教学思考

自中宣部教育部颁布"05方案"以来，高校思政课实践教学提出和实施已经十多年了。实践证明，思政课中设置实践教学活动，不仅能够有效提高青年学生的政治素养，还能够有效增强思政课教育教学的针对性、时效性和实践性。实践教学是培养多元化人才的有效途径，总结反思实践教学的经验与做法，探究创新实践模式，推动实践教学又快又好地发展，并对实践教学的认识越来越深刻、越来越科学。

一、实践教学要与理论教学相互统一

高校思想政治理论课是贯彻和落实教育"立德树人"根本任务的关键性课程，是铸魂育人课程。习近平总书记在多次重要讲话中强调，当代大学生要扣好人生的第一粒扣子，而高校思政课就是帮助当代大学生正确"扣扣子"的课程。上好思政课，离不开教学上的改革创新，必须坚持与时俱进，必须做到"理论与实践的相统一"。"理论与实践相统一，是马克思主义哲学的理论品质，也是思政课的教学原则和目标"指向。因此，完整的思政课教学体系是应该包括理论教学与实践教学的，并且二者相互联系、相互作用、不可分割。实践教学不仅能够发挥以教师为主导、学生为主体的思想政治教育的双主体作用，关键还能够充分调动学生学习的积极性和主动性，激发学生的主观能动性，挖掘潜能，增强学生分析问题、解决问题的理论水平与实践能力。实践教学使《概论》课实现了理论与实践相统一，增强了现实性与吸引力，提高了思政课的实效性。因此，实践教学也是当前高校思政课教育教学改革的必然要求和发展趋势。

二、实践教学的理论研究要与教学实践相得益彰

理论来源于实践，又指导实践。同时，实践也是推进理论发展的根本动力。正因为实践之路常新，才能使理论之树常青。自高校思政课"05方案"实施以来，思政课实践教学的理论研究和教学实践发展相辅相成、相得益彰，共同推动高校思政课教育教学不断提速增效，尤其是实践育人成效显著。因此，作为思政课实践教育教学活动的主导者教师，既要投身于实践教学的教学实践中，同时还要注重加强实践教学的理论研究，从而更好地指导实践教学不断发展。近年来，随着思政课实践教学全面深化改革，推动了实践教学教程建设、实践教学方案建设、实践教学平台建设、

实践教学基地建设及其发展，实践教学模式由当初简单地从课内到课外、从校内到校外、从走出去到请进来等简单模式，发展成了课内与课外相结合、校内与校外相结合、走出去与请进来相结合，还有"全景式""知行融合式""产学融合""学思行相融合"等实践教学模式；实践教学形式也由起初简单的课堂案例实践教学和课外实践教学活动，发展成了以教师为主导、以学生为主体的混合式教学形式，主要包括社会调研、角色扮演、主题演讲、朗诵、讲故事、辩论赛、实地调研、实践基地参观考察等混合式教学形式，实践教学成效显著提高。这些成就都得益于理论研究与实践探索相互促进、共同发展。

三、科学选择活动形式，精心设计实施步骤

内容决定形式，形式服务于内容。尽管内容决定形式，但是恰当合理的形式会使内容起到事半功倍的作用，否则会使内容起不到应有的作用，甚至还会适得其反。同理，当前实践教学形式多种多样，但是任何一种教育教学形式都有其教育的针对性和价值，因此，在教育教学内容一定的情况下，教师要科学选择教育教学形式，不能随意选用教学形式，更不可滥用教学形式，不但起不到帮助学生理解教育教学内容的作用，反而还会适得其反，阻碍学生对教育教学内容的接受。一般而言，实践教学实施的步骤也属于教学形式范畴，也要服务于学生接受和掌握的教育教学内容。因此，教师在选择教学形式时一定要讲究科学性与合理性，在设计教学实施步骤时要精心设计，二者都能使教育教学内容起到超常的作用。总之，在实践教学活动中，教师要围绕教学的重难点，结合学生的学情，科学选择活动形式，切忌泛多样化；精心设计实施步骤，切忌千篇一律。

首先，要结合实际选择活动形式。比如，教师可在清明节与学生一同去烈士陵园开展扫墓活动，让学生利用所学的思政理论知识，深刻体悟到其中蕴含的价值观精髓，激发内心的价值观共鸣，促使学生对思政理论产生更深的感悟。

其次，精心设计高职学生的社会实践调查活动。社会实践调查是高校

进行思政实践教学的重要途径，具有较强的社会性和创新性。社会调查活动的社会性指的是能让学生深入社会，学会运用思政理论去看待社会事件、处理社会问题；创新性指的是能促使学生参与思政实践教学的积极性得到有效增强。社会实践调查活动是一种最能验证学生学以致用和提升能力的重要实践途径。但是，它对学生要求较高，需要学生具备比较全面的知识水平、较高实际操作能力和写作水平等综合能力，因此，完成一项即使是简单的社会实践调查对于高职学生而言难度也很大。社会实践调查活动始终围绕学生正确思想观和处理问题能力的培养而展开，其本质目的就是帮助学生更深刻地认识社会，了解我国发展实际，从而实现思政教学效果的良好提升。社会实践调查活动一般耗时较长，范围较大。因此，为了让学生更便捷地完成实践任务，在调查前，教师可结合思政课堂教学内容及当前社会实际，合理设计思政社会实践调查活动的任务，并将实践任务分步骤、分细节进行细化，使学生按照教师设计细化的步骤不太困难地完成实践调研任务。同时，社会实践调查活动要分小组进行，实践小组由教师合理分配小组成员，将综合素质高的学生平均分配在每个小组，并安排组织能力较强学生担任小组长，让学生合作进行社会实践调查。调查期间，教师要做好监管工作，并积极参与到社会实践调查中来，随着指导学生的实践行为，做好学生的思想工作，确保学生能够高质量完成实践任务。调查后，教师应与学生一同对本次社会实践调查结果进行分析与探究，促使学生的思政理论知识得到深化与巩固，充分、良好地调动学生思政实践的自主性，进而推动思政实践教学效果的提升。①

四、开展和实施好实践教学活动，做到以下四点

（一）活动策划上要有前瞻性

实践活动不能盲目开展，需要做好精心策划。无论对于小班教学还是合班教学，无论是课内实践教学还是课外实践教学，若想组织好一次教学

---

① 姜丹丹．应用型本科高校思政课实践教学创新路径研究．科学咨询/教育科研［J］2020（20）：55.

实践，即便是普通活动难度也是很大，因此校外实践教学活动更是难上加难。因此，开展和实施一堂好的实践教学活动，首先要设计好活动方案，另外还需要进行实地考察、申请经费、组织参观、车旅运营、报销单据等烦琐工作，活动要获得成效必须精心做好活动策划。

（二）活动内容上坚持开放性

实践教学是在理论教学基础上开展和实施的教学实践，因此实践教学要开阔学生视野，是一种"大教育观"，不能仅局限在教材、课堂和考试，要大胆地将社会内容纳入教育视野，并在社会生活中让学生体验学习的内容，展示出所学习到的内容，把它应用到生活的各个方面。实践教学的模式、方法要不断调整，帮助学生认识把握提高自我。因此，教师要带领学生了解时代的发展、社会的变迁、国家大政方针的颁布和实施，使教育打破课内外的壁垒，让青年学生了解讨论时政并进行宣传；学会全面地看问题，培育实事求是态度。

（三）活动形式上追求多样性

思政课实践教学是以理论知识为依据，以强调创造性和实践性的主体活动为形式，以激励学生主动参与和主动思考为特征的寓教于行的教学过程与教学方法。[①] 思想政治课实践教学的形式一般分为：课内和课外实践教学，课内实践教学是主要形式，课外实践教学又分校内实践教学和校外实践教学。其中，校内实践教学就是指学生将所学理论知识用于实际问题分析的一种实践方法，表现为学生在教师的指导下，将课程内容进行整合，确定研讨问题，然后让学生去搜集相关资料，积极开展社会调查，分析归纳、提炼观点、撰写论文或经过分析总结，做出相关调研报告等模式；校外实践教学分为基地教育和社会实践两种，是教师根据教学的相关内容，组织学生进行社会考察、服务、调研等活动。校外实践是理论教学的延伸、补充与拓展，是不可忽视的实践教学手段。校外实践教学要保障

[①]　王世伟. 高职思想政治理论社会实践教学探究. 教育与职业 [J]. 2012 (03)：162-163.

高效、合理，既要避免单一的实践教学模式，又要杜绝流于形式，要真正实现内容与形式上的切合一致。不同形式的实践教学所发挥的教育功能各不相同，必须要以多样的形式服务于教学内容，充分发挥各种教学手段的互补性，从而达到全方位、立体化的教育教学效果。

（四）活动实施上注重实效性

积极推进与实践教学相适应的考评制度创新，增强实践教学的实效性，合理规划理论和实践的比重，理论与实践成绩相结合，精心设计实践教学的方案。

第七节 实践教学考核

一、成绩考核原则

实践教学重在通过教学活动训练或锻炼学生运用所掌握的理论分析问题、解决问题，培育他们的马克思主义立场、观点和方法，提高他们分析问题和解决问题的能力。因此，实践教学活动的成绩考核应该坚持结果考评与过程评价相结合、定性评价与定量分析相结合、教师考核与民主评价相结合等原则，同时还应该坚持激励的原则。

（一）结果考核与过程评价相结合

结果考核与过程评价相结合就是考核结果要与过程评价保持基本的一致。因为，一般的成绩考核或者说传统的成绩考核大多都是结果考核。这种成绩考核的结果很难反映学生参与实践教学活动过程的真实状况，不能完全真实体现学生在实践过程中的态度、表现和能力，存在一定的片面性、主观性和局限性；有时还存在考核结果很差但是参与实践活动过程的评价很好，或考核结果很好但参与实践活动过程的评价很差等不一致的现象，因此，为避免上述现象，使成绩考核能够真实反映学生的实践能力，有必要引进过程评价。

（二）定性评价与定量评价相结合

定性评价是建立在定性分析的基础上的评价，同样定量评价也是建立在定量分析基础上的评价。定性分析是用语言描述形式以及哲学思辨、逻辑分析揭示被评价对象特征的信息分析、处理方法。其目的是把握事物质的规定性，形成对被评价对象完整的看法。它是分析和处理教育评价信息最常用的方法之一。在教育评价中，定性分析比较适用于下列五个情景：第一，对发展过程的原因探讨；第二，对被评价对象优缺点的详细描述；第三，对典型个案的深入研究；第四，对被评价对象内隐的观念、意识分析；第五，对文献档案信息的汇总和归纳。定量分析是指用数值形式以及数学、统计方法反映被评价对象特征的信息分析、处理方法。其目的是把握事物量的规定性，客观简洁地揭示被评价对象重要的可测特征。定量分析的比较适用于下列四个情景：第一，对群体的状态进行综述；第二，评比和选拔；第三，从样本推断总体；第四，对可测特征精确而客观的描述。

由此可见，定性分析评价和定量分析评价这两种方法各有所长，两者是优势互补的。因此，将定性评价于定量评价相结合应用于不同的实践教学活动中或者同一个实践教学活动的不同实践环节中，是一种科学的成绩评价方法。

（三）教师考评与民主评价相结合

在任何的教育教学中，长期以来已经形成了任课教师考核或评价学生是毋庸置疑的天经地义，具有一定的权威性和独立性。但是在实际的教育教学中，由于教师的兴趣爱好、关注点、专业特点等必定是有限的，任课教师独自一人考评学生的这种考评方法存在一定的主观性、片面性和局限性。因此，在教育教学中，将教师的考评与同学之间互评结合，能够比较客观地真实地反映学生学习状况，这种考评方法也是当前常用的成绩考评方式方法。

（四）建立良好的激励机制

良好的激励机制是通过一套理性化的制度或方式方法来激励学生积极

参与实践教育教学活动中并能够最大化地达到教育目的方式。良好的激励机制能够助长学生积极地、主动地投入教育教学实践中，起到事半功倍的效果，充分达成教学目的。

二、考评方法

1. 以过程评价为重点，结果考核与过程评价相结合的考评方法。这种考评方法，建议过程评价占总成绩的 60%（或 70%），结果考核占 40%（或 30%）。其中，结果考核，主要是对学生提交的实践报告、实践心得体会、论文，或微视频、微文本、PPT 课件，或演讲稿、表演脚本、辩论赛的录像等作业；过程评价，主要是对学生参与实践教学活动的参与度、表现、态度、仪表、观点等进行考核和评价。

2. 以定性分析（或定量分析）为主，定量与定性分析相结合的考评方法。根据实际的教育教学内容，结合上述定性分析比较适用于的五个情景，或者定量分析的比较适用于的四个情景，具体而定该考评方法是以定性分析为主还是以定量分析为主，关键是既要有定量的成绩考核，还要有定性分析的评价，二者有机结合起来才是比较完美的考评方法。

3. 以学生参与评价的师生互评方法。传统的成绩考核和评价的主体只有教师或专家等角色参与，学生根本没有意识到自我评价或同学间互评的权利和资格，这种考评方法或多或少都带有主观性、片面性和不民主等不足。为此，让学生参与到自我或同学间的成绩考评中，不仅可以使学生掌握客观评价别人的方式方法和标准，提高学生对人、对事的价值判断能力。

三、成绩考评的权重

一般而言，在上述考评方法中，以谁为主，谁的权重相对就高一些，建议为 60% 或 70%，相反另一方的权重就相对稍少一些，建议为 40% 或 30%。比如，在以过程评价为重点，过程评价与结果考核相结合的考评中，建议过程评价占总成绩的 60% 或 70%，结果考核占 40% 或 30%；在以定性分析（或定量分析）为主，定量分析与定性分析相结合的考评中，建议以谁为主，谁的考评权重就占60%或70%，其次权重即占40%或30%；在以学生参与评价的师生互评方法中，建议以教师的考评权重为60%或70%，学生间的互评占40%或30%。

作者简介：孙志方，北京工业职业技术学院副教授，中国人民大学法学硕士，北京大学访问学者。

第八章

习近平新时代中国特色社会主义思想及其历史地位

第一节　实践教学目的

本章是《毛泽东思想和中国特色社会主义理论体系概论》课第三部分：习近平新时代中国特色社会主义思想部分的引言部分，理论上涉及如何认识、理解新时代；了解习近平新时代中国特色社会主义思想都包含哪些具体内容；习近平新时代中国特色社会主义思想历史地位等内容。习近平新时代中国特色社会主义思想具体内容部分将在其后的七章中逐渐展开，因此，习近平新时代中国特色社会主义思想的具体内容不是本章的重点难点。本章的重点和难点是如何理解新时代的内涵和意义。在教材中介绍了党的十八大以来许多的历史性成就和社会主要矛盾的变化，这部分是本章可以实践的部分。实践的目的是在实践中亲身了解我国改革开放以来尤其是党的十八大以来取得的伟大成就。了解中国特色社会主义已经进入新时代。实践的着力点是鼓舞信心、凝聚人心、增强学生的爱国热情和实现中华民族伟大复兴的信心，认清自己在新时代奋斗的目标和方向。

第二节 实践教学目标

一、认知目标

1. 在实践中要达到以下目标：要让学生了解新时代是从站起来、富起来到强起来的新时代；让学生了解这个过程的曲折、艰辛；让学生了解经历曲折艰辛之后中国成就之伟大，以此增强信心。

2. 要了解我们离中华民族伟大复兴目标越来越近，更需要凝聚共识，踏实奋斗，鼓舞青年为实现中华民族伟大复兴的目标而不懈努力。

3. 掌握我国取得伟大成就的根本原因在于坚持中国特色社会主义道路。理解中国特色社会主义：何为中国特色？如何中国特色？从中体会中国奇迹的中国智慧和中国经验。

二、能力目标

1. 运用现代媒体技术的能力。激励学生拓展主动参与和主动思考的途径，提高学生收集、筛选、运用网络文字、视频、资料的能力，拓展对中国取得伟大成就的认识，激发学习思想政治理论课的积极性。

2. 加深对所学理论的认识。同时为学生创造更多接触社会、了解国情、主动思考的机会。

3. 培养学生自我学习的能力和习惯，锻炼表达能力、组织能力、沟通能力和团队合作与竞争意识。为就业工作奠定基础。

三、成果目标

1. 在课堂理论学习之外，通过教师推荐资料的阅读和讨论，在教师、同学共同探讨的基础上，制作 PPT，以 Presentation 主题演讲的形式在全班进行汇报。并在实践结束后撰写个人实践总结。

2. 通过收集资料，了解爱党爱国歌曲的创作和流行情况。制作有关朗读、演唱视频 MV 和实践成果 PPT。

第三节　实践教学思路

本章实践项目结合建国 70 周年庆典这一历史契机，结合习近平总书记在"学校思想政治理论课教师座谈会上讲话"提出的教育的"四个服务"职能：坚持教育为人民服务、为中国共产党治国理政服务、为巩固和发展中国特色社会主义制度服务、为改革开放和社会主义现代化建设服务。坚持社会主义办学方向，努力培养担当民族复兴大任的时代新人，培养德智体美劳全面发展的社会主义建设者和接班人的指示精神。通过实践活动，深化学生对理论的认识。引导学生了解新中国成立 70 年的伟大成就，了解改革开放 40 多年的伟大成就，尤其了解党的十八大以来习近平总书记领导中国特色社会主义进入新时代取得的伟大成就。通过了解这三个阶段的历史发展进程，深入理解站起来、富起来、强起来的含义和过程，进而从理性到感性更好理解新时代的内涵和意义。增强学生参与责任感、民族自豪感，进一步坚定学生中国特色社会主义理想信念。

第四节　实践教学内容

实践教学内容不宜一刀切。应该结合教材内容给同学们多个选择，形成一系列有特色的实践教学项目。如可以包括案例阅读、小组讨论、专题社会调查、社会访谈、编排和拍摄爱国爱党歌曲 MV 等。

可以通过教研室讨论、归纳、总结、提炼，形成该实践教学实施方案中的实践项目体系，供适用对象自行选择、搭配，以期达到提供自助餐式的服务。项目设计过程中，也可分成自选项和必选项。必选项目为教研室进行的统一实践活动，全体学生都必须参加，自选项目的选择办法为任课教师根据自选项目主题、形式等，结合自己班级的学情情况、学生的专业情况、兴趣爱好情况，做出合理的实践教学项目选择。必选项和自选项分值相加要达到实践教学的总学时。本章实践教学项目设计如下：

1.《我和我的祖国》等爱国爱党歌曲演唱活动；

2. 我的父辈和我的祖国访谈；

3. 最美北京 DV 或照片拍摄（可参考以人民为中心相关内容）；

4. 我的家乡新变化；

5. 中华人民共和国建国 70 周年庆典感悟；

6. 最美北京之不和谐的改进对策社会调查；

7. 阅读资料，主题研讨，翻转课堂。

改革开放使中国发生了翻天覆地的变化，"最美北京""我的家乡新变化"可以反映欣欣向荣的改革开放成就。"最美北京之不和谐的改进对策社会调查"反映实现中华民族伟大复兴进程中还存在一些短板和挑战，可以运用社会主义主要矛盾的变化为理论依据进行实践。"我的父辈和我的祖国访谈"是结合建国 70 周年的伟大成就总结，改革开放四十多年的伟大进步和十八大以来我国解决了许多难以解决的问题等历史对比总结，回顾过去，展望未来，用信心开创未来。"我和我的祖国等歌曲演唱活动"激发青年斗志，为实现两个 100 年奋斗目标肩负起使命和责任。

第五节　实践教学形式

一、组织形式与实施步骤

1. 实践单位：以小组为单位完成任务

2. 实施步骤：

（1）教师布置实践要求和实践内容，供同学选择；

（2）小组确定实践内容，形成提纲，与教师见面讨论，确定最终提纲；

（3）深入社会进行实践，并拍摄照片和视频，或发放调查问卷或访谈。上交照片，不少于5张。要求写清楚拍摄时间和地点，调查的时间、地点和人物，形成初稿，交与教师以小组为单位面对面辅导。

（4）形成终稿。形成小组总结报告，字数要求1500字左右，并以PPT的形式展示。每个人撰写实践总结一份。

（5）以小组为单位展示

3. 实践要求

（1）必须实地进行拍摄或调查，若发现弄虚作假现象一律按零分计。

（2）走访照片须有小组成员在其中，若发现利用PS合成照片者一律按零分计。

第六节　实践教学过程

一、时间安排

序号	指导内容	学时	时间	方式	地点
1	布置任务	0.5		集中	
2	修改确认调研方案及实践提纲	0.5		与小组面对面	
3	修改初稿	0.5		与小组面对面	
4	修改第二稿	0.5		与小组面对面	
5	定稿	0.5		与小组面对面	
6	总结和展示	0.5		集中	

二、实践示例

示例一：以《我和我的祖国》爱国爱党歌曲演唱活动范例。

（一）《我和我的祖国》实践提纲

1. 同学分组后选出小组长，确定分工，讨论、撰写实践提纲；

2. 活动要求：本次活动要求参与者全身心投入，提前学会相关歌曲；

3. 活动前期准备：摄影装备，提前划分演唱区域、准备手持的红旗、选择演唱活动地点：如天安门广场、国旗杆前、城楼前学院校区标志性地点；

4. 小组录制 mv：以增强爱国主义情感；

5. 活动后期：剪辑 mv，对零散视频进行拼接，最后出成品；

6. 撰写实践报告和实践总结。

（二）实践素材

示例（1）歌曲《我和我的祖国》简介：

《我和我的祖国》诞生于 1985 年，它的词作者是张藜，曲作者是秦咏诚，两人都曾是沈阳音乐学院的教师。张藜，1932 年 10 月 17 日生于辽宁大连，1950 年毕业于东北鲁迅艺术学院，即沈阳音乐学院和鲁迅美术学院的前身，1955 年前后，曾任沈阳音乐学院教师。张藜教师已于 2016 年 5 月 9 日去世，享年 84 岁，身后留下无数脍炙人口的歌词作品，如《篱笆墙的影子》《亚洲雄风》《苦乐年华》《命运不是辘轳》《不白活一回》《苦篱笆》《鼓浪屿之波》《女人不是月亮》《山不转水转》《久别的人》等。

秦咏诚，1933 年 7 月生于辽宁大连，1956 年毕业于东北音乐专科学校（鲁迅文艺学院音乐系扩建）研究生班，随后留校任教，1978 年任沈阳音乐学院作曲系主任，1986 年至 1996 年任沈阳音乐学院院长，2015 年 6 月 25 日病逝于北京，享年 82 岁。秦咏诚教师身后同样留下很多脍炙人口的音乐作品，如交响诗《二小放牛郎》、声乐协奏曲《海燕》、电影音乐《创业》、歌曲《我为祖国献石油》《满怀深情望北京》《情天恨海》《元帅与士兵》等。

（三）思考讨论

本次实践主要内容为对《我和我的祖国》歌曲的由来溯源，了解词作者，体会歌词对祖国深沉的爱意。同学学习这首歌曲，亲自演唱这首歌曲、制作自己演唱歌曲的 MV，增强爱国主义情感。强化实现中华民族伟大复兴的信心。

（三）案例点评

2019 年是新中国成立 70 周年。这一年新中国举行了隆重的庆典。在 2019 年里《我和我的祖国》这首歌传遍大江南北，传遍大街小巷，传遍城市乡村。这是一首非常容易引起人们感情共鸣的歌，对每一位爱国者来说，它仿佛一下子让自己将整个身心和祖国紧紧融在一起，每当唱起这首歌，每个人都感到无比自豪和舒畅。通过演唱展示新时代青年的精神风貌。

示例（2） 最美北京之北京大兴国际机场、地铁新变化

选择主题、地点，网上查找资料、实地参观、情景体验

拍摄照片、视频，小组讨论，撰写实践报告，制作 PPT、班级展示

PPT 中组员拍摄的照片不得少于五张，要求标注拍摄时间、地点

示例（3） 《一文看懂新中国 70 年经济史》①

（一）思考讨论

1. 阅读一文看懂新中国 70 年经济史，理解站起来、富起来、强起来的曲折历史和成就，理解新时代的内涵。

2. 结合教材并自己查找资料，总结党的十八大以来我国取得了哪些历史成就？

（二）案例点评

根据"思考讨论"的题目、结合教学内容进行评析

1. 从本文理解站起来、富起来、强起来的曲折历史和成就理解新时代

新中国刚刚成立时，美国国务卿艾奇逊认为中国解决不了人民的吃饭问题，如何让老百姓活下去，是新中国的巨大挑战。但事实证明，中国人民不仅活了下来，而且人均国民收入已经接近 1 万美元，而中国的经济实力已经在 2010 年超过日本，成为全球第二大经济体。中国正在接近世界舞台的中央，在国际上发挥引领作用。将在 21 世纪中叶实现中华民族的伟大复兴。在人类发展史上，这无疑是一个巨大的奇迹。从当初担心吃饭问题到今天的人类奇迹，教师可以结合毛泽东思想部分介绍中国建立完整的工业体系和国民经济体系为中国后来经济发展奠定基础，结合邓小平改革开

---

① 资料来源：一文看懂新中国 70 年经济史，三联生活周刊，2019-09-25

放理论部分介绍中国富起来的历程。

2. 结合教材自己查找资料，总结党的十八大以来我国取得了哪些历史成就？

学生自己查找资料，从 GDP 总量、外贸总量、外汇储备、科技发展等一系列在世界中领先的领域全面展示中国成就。国内经济、政治、民生、文化、生态方面的成就一并展示。

（三）教学建议

阅读资料，主题研讨，翻转课堂

此实践活动依据以上提供实践教学案例，教师引导阅读的方式，结合学生自己动手查找资料，学生组成实践小组，通过阅读资料、小组讨论，理解从站起来、富起来到强起来的艰难跨越，历史对比，增强"四个自信"。制作 PPT，小组代表讲授，教师点评，捕之以反转课堂。

第七节　实践教学考核

根据实践教学在课程中所占学时，建议实践教学成绩占本课程最终考核总成绩的 20%。所有学生都必须参加本课程实践教学活动项目，否则实践成绩记零分。实践教学成绩由过程性考核和最终成果考核决定。学生最终成绩由小组得分和自己的实践总结、平时表现构成。下列表格是小组得分构成，教师在小组成绩基础上结合个人实践总结上下浮动，得出个人最后实践分数。

小组实践教学考核标准

实践项目	布置任务	调研方案提纲修改及确认	修改初稿	修改第二稿	定稿	展示和总结	备注
时间	月 日（第 周周 节）	月 日（第 周周 节）	月 日（第 周周 节）	月 日（第 周周 节）	月 日（第 周周 节）	月 日（第 周周 节）	

续表

实践项目	布置任务	调研方案提纲修改及确认	修改初稿	修改第二稿	定稿	展示和总结	备注
形式地点	集中	与小组面对面	与小组面对面	与小组面对面	与小组面对面	集中	
1组成员							
2组成员							
3组成员							

评分分项	评分基本标准			满分
1. 视频观后感	标题	有观看行为	有真实感受	20
	1分	1分	18分	
2. 调查报告	格式符合要求	结构合理	观点科学，具有创新性	20
	2分	3分	15分	
3. 视频	格式符合要求	一定的专业水准	观点科学，具有创新性	20
	2分	3分	15分	
4. PPT调研报告	格式符合要求	结构合理	思路清晰，具有创新性	20
	2分	3分	15分	
5. 实践践行活动	完成资料学习	参与方案制订	参与外出实践	20
	3分	2分	15分	

第八节　实践教学思考

实践过程中教师要对自己的实践过程进行记录，一方面记录各个小组的进展情况，也可以随时记录各组的态度和表现。教师对自己指导学生的情况记录下来，以便管理部门考核教师的工作量。记录表详细记录教师指导实践进程的时间、地点、指导内容、指导对象。起到记录教师指导工作和学生实践过程的双重效果。每个学期实践教学结束，教师撰写学期实践教学总结。总结成绩，分析不足，为下个学期的实践教学奠定改进的基础。

附：2020-20××学年第×学期×班《概论》社会实践记录

作者简介：韩凤荣，北京青年政治学院教授、北京市高校思想政治理论课特级教授。

第九章

坚持和发展习近平新时代中国特色社会主义的总任务

实现中华民族伟大复兴的中国梦，是近代以来几代中国人民最期待的梦想，以习近平同志为核心的党中央把几代中国人的这份夙愿，用"中国梦"这个词概括出来，引发海内外亿万中华儿女的深切共鸣，并成为引领亿万中华儿女共同奋斗的精神旗帜和生命纲领。

第一节　实践教学目的

本章内容分为两节，"第一节　实现中华民族伟大复兴的中国梦"讲述中国梦的来龙去脉，2012 年提出中国梦的时代背景、现实环境和主观条件，中国梦的科学内涵和实现途径。"第二节　建成社会主义现代化强国的战略安排"，中国梦的实现是一代一代中国人持续奋斗的结果，一代人又一代人的使命和责任，中国共产党人带领中国人民经历革命、建设、改革三个阶段，实现了中华民族站起来、富起来、强起来的历史成就，带领人民步入中国特色社会主义新时代。

本章节是 2015 版本第六章社会主义的本质和根本任务"第三节　中国特色社会主义的发展战略"的单独成章。旨在引导学生结合党的十八大以来的发展成就和发展规划，加强对中华民族伟大复兴中国梦的认同和理解，增强"四个自信"，并结合个人专业和人生梦想以实际行动投入国家发展的历史洪流。

第二节　实践教学目标

一、认知目标

（一）使学生了解近代以来中华民族发展史，深刻理解中国梦提出的历史背景，掌握中国梦的科学内涵是国家富强、民族振兴、人民幸福，实现中国梦的途径是坚持中国道路，弘扬中国精神，凝聚中国力量。

（二）实现社会主义现代化是中国共产党人带领人民奋斗一以贯之的目标，从"四个现代化"目标的提出，到"三步走"战略实现社会主义现代化，到全面建设小康社会，再到新时代在全面建成小康社会的基础上，实现社会主义现代化强国"两步走"战略，这是一代一代中国共产党人带领人民共同奋斗的结果。

（三）在党的十八大以来发展成就的基础上，理解实现社会主义现代化强国"两步走"战略。第一步是在全面建成小康社会的基础上，到2035年基本实现社会主义现代化，第二步是在基本实现社会主义现代化的基础上，实现社会主义现代化强国。

二、能力目标

（一）历史思维。"多难兴邦"，通过近代以来面对中华民族的悲惨命运，不同社会阶级的探索和一代一代仁人志士的奋斗与拼搏，让大学生从中感受到中华民族伟大复兴的中国梦是近代以来中国人的夙愿，中国梦的提出有深刻的历史背景和历史动力，这是170多年来亿万中国人心中最深切的渴望和期盼。

（二）战略能力。从中华人民共和国成立初期的一穷二白，到建立世界上最完整工业体系和最全工业门类的生产能力，GDP总额达到100万亿，中国共产党带领人民奋斗了70多年，这70多年是中国共产党人制定发展战略和发展规划、带领人民一步一步发展奋斗的结果。从中华人民共和国初期"两步走战略"到改革开放"三步走"战略，再到"新三步走"战略，再到新时代实现社会主义现代化强国"两步走"战略。积土成山、积水成渊，社会主义建设的伟大成就是一代一代中国人接力赛跑、持续奋斗的过程。学生从社会主义发展战略步骤中，了解到伟大的发展目标是由一个个小目标组成的，感受中国共产党的战略和规划能力。

（三）四个自信。中国特色社会主义的大道越走越宽广。从站起来，富起来，到强起来，中国共产党人带领中国人民，取得了一个一个的伟大成绩，中国特色社会主义制度越来越彰显其文明优势，14亿人民在社会主义制度下过上了幸福安康的生活，对中国特色社会主义的道路自信、制度自信、理论自信和文化自信越来越强烈。中国特色社会主义制度独特的治理优势也为全球治理提供了越来越多的启示。

三、成果目标

实践是检验真理的唯一标准。社会主义道路好不好，要看老百姓生活幸福不幸福，国家强大不强大。中华民族伟大复兴的中国梦最终落实到国家实力、人民生活、制度治理、思想文化等各个方面。新中国成立70多年来，中国共产党人带领人民，回应时代课题，制定发展战略，形成指引社会主义建设的指导思想和实践方案。在讲授坚持和发展中国特色社会主义的总任务，要让学生理解和掌握中华民族伟大复兴的历史脉络、理论支撑、实践成就，以及每个人的行动和作用。

（一）梳理中华民族100多年来奋斗征程上的历史节点、历史事件和历史人物，并整理成册。中华民族伟大复兴中国梦和社会主义现代化的实现，不是一蹴而就的事情，而是一代一代中国人接力前进的历史进程。每一代人解决自己的时代课题，完成自己的历史使命和历史任务，为下一代人铺垫前进的基础和起点，一代一代累积起来，终将成就民族伟大复兴的伟业。通过历史脉络的梳理，引导学生明白，社会主义大厦不是一日建成的。

（二）理解认同中华民族伟大复兴道路上的思想成果和理论支撑。成功的实践需要科学理论的指导，伟大的实践必然有伟大的理论支撑。一百多年来，中华民族从一个积贫积弱、任人宰割的民族重新崛起为一个实力雄厚、文明开放，具有世界影响力的大国，与中华民族精神的自强、思想的成熟和理论的丰硕有密切的关系。没有强健的精神不会有文明的复兴，没有思想的成熟不会有发展的持之以恒，没有理论的丰硕不会有实践的全面辉煌。

（三）呈现中华民族伟大复兴道路上的重大成就和发展成果。中华人民共和国成立以来，勤劳勇敢的中国人民在中国共产党的领导下，创造了一个一个惊天动地的成就和奇迹。经济、科技、军事、文化、政治等领域的成果构筑起民族复兴的一个个丰碑，也是我们判断民族伟大复兴的实践依据。伟大成就和发展成果是中国人民通过汗水和拼搏一步一个脚印取得的，是几代中国人民心血和智慧的结晶。

（四）激发大学生的实践参与热情。美好生活是奋斗出来的，中华民族伟大复兴是亿万中华儿女在各条战线各个领域全面发展、创造奇迹、勇争世界先进水平，保持全领域竞争力的结果。一个伟大的民族，首先有富有创造力和奋斗精神的人民，尤其是朝气蓬勃、积极进取、求知上进的青年一代。中国梦是 14 亿人民每一个人的梦想的汇聚和集聚。每一个人的梦想和奋斗汇成中华民族伟大复兴的时代潮流，最终形成巨大的历史合力。结合每个大学生的实际，可以形成大学生的中国梦行动方案图册。

第三节 实践教学设计

实践教学的本质是让大学生以视听言动的方式感受理论的现实性和丰富性，从而以感性的方式形成对理论的深刻体验和认知，实现理论内化于心的效果。再通过理论指导实践，用科学的理论指导工作与学习。遵循思想政治教育规律中，感性认识——理性认识——实践——新的感性认识——新的理性认识——新的实践。通过查阅历史文献、观看影像资料、实地参观、考察采访、朗诵演讲、角色扮演、时事播报等视听言动的感性形式，辅以师生对话、反问与反思，实现理论的内化。在实践教学中，将文本学习与实地参观相结合，将全面掌握和重点研讨相结合，历史经验与现实发展相结合，研究探讨与具体落实相结合，对学生实践品格的持续性锤炼，使得新时代大学生成为中华民族伟大复兴合格的参与者、建设者、见证者。

一、翻转课堂、举办展览

近代以来，在中华民族伟大复兴的道路上，一代一代中国人付出了艰苦卓绝的努力。170 多年的近代史，100 年中国共产党的奋斗史，70 余年中华人民共和国建设史，40 余年改革开放史，伟大的中国人民演绎出了一场跌宕起伏、荡气回肠的抗争与拼搏的壮歌，涌现出了无数可歌可泣的英雄人物和震撼人心的事迹，通过历史文献阅读、历史影像搜集，考察和采访，大学生自己去探寻历史丛林深处中华民族一百年来奋斗的足迹，感受亿万人民内心深处要实现国家富强的强烈愿望。把探索的文本、历史图片、历史人物、历史影像、历史故事形成专辑和图册，举办展览，形成历史资料。此类型的实践教学，以教材"第一节　实现中华民族伟大复兴的中国梦"之"一、中华民族近代以来最伟大的梦想"，通过历史资料的深度挖掘和梳理，形成对中国梦的历史发展脉络和历史发展动力的深刻感知，从而在历史维度上形成对中国梦的深刻认同和理解。

二、参观访问、情景体验

中华人民共和国成立 70 周年展览、改革开放 40 周年展览把中华人民共和国成立以来，改革开放以来，我国在经济、科技、军事、文化、社会、生态、政治等方面的成就用图片的形式展示出来，用事实说话，用数据论证，把中华民族历经百年忧患、重新屹立东方的过程用形象的图片和数据展现出来，学生参观这些展览，可以直接感受中华民族从站起来、富起来到强起来的过程，中国梦的内涵国家富强、民族振兴、人民幸福具体形象化，理论与实际的结合，让理论变得更加可亲可爱。除了重大纪念日的成就展，还有像红色基地、爱国主义教育基地、科技馆、重大工程和大型现代企业、精准扶贫典型、生态文明建设典型等，如珠港澳大桥、大兴机场、中国高铁、华为等案例，让学生实地感受国家富强、民族振兴、人民幸福的载体。该实践教学以"第一节 实现中华民族伟大复兴的中国梦"之"中国梦的科学内涵"为教材依据。

三、活动反思、主题研讨

任何一个思想观念的形成都是对社会现象深度思考的结果。实践教学既是对理论的验证，也是对理论的应用。聚焦某一个知识点，汇集文本、人物、事迹、影像、数据等资料，让大学生在搜集整理汇报各类信息的基础上，对某一知识点进行对话、讨论、反思，通过学生间的相互启发与头脑风暴，实现社会现象经由学生思考，进行理论升华，层层上升，最终达成思想观念的认同。通过主题研讨和头脑风暴，实现理论形成过程的沙盘推演，在研讨过程中，教师要根据研讨情况进行思维引导，做好思想丛林中的理论向导。教师要提前就某一个主题设计好学生思考的细小问题和思考方向。以中国梦的实现途径为例，教师可以多设计几个问题，引导学生思考层层递进，最终实现理论的个人经验。具体思考层次如下：

1. 当您看到珠港澳大桥，想到了什么？
2. 100 年前，中国能否建造这样一座大桥？
3. 为什么现在能建设这样的大桥？
4. 在大海中建设这样的桥梁，需要什么能力和条件？
5. 联系中国梦的内涵和途径，说一说，你心中的中国梦是什么？

中国梦的本质是国家富强、民族振兴、人民幸福，港珠澳大桥连接港珠澳三地，促进了粤港澳大湾区的发展，增进了三地人民的幸福指数，推动了"一国两制"的成功实践。港珠澳大桥的成功建设是领导决策层、工程技术人员、工人齐心协力共同奋斗的结果，也是社会主义集中力量办大事的体现。因此，中国梦的实现途径是弘扬中国精神、凝聚中国力量、坚持中国道路。

四、朗诵演讲、角色扮演

中国梦和社会主义现代化的实现，是一代代中国共产党人解答时代课题，总结发展规律指导社会主义建设实践的过程，也是一代代中国人持续奋斗的结果，更是各个领域各条战线人们齐心奋斗的结果。在现代化发展中，涌现出了一个个理论成果，标志着中国人对时代问题的理论思考和结晶，指引着社会经济前进；涌现出了一大批可歌可泣的英雄模范和道德人物，他们的事迹成了激励广大人民群众前进的力量。朗读这些经典文本，演绎这些英雄模范人物的故事，就是重温思想的力量和实践的力量、人民群众的力量。让学生朗读《习近平谈治国理政》第一卷，《习近平谈治国理政》第二卷，《习近平的七年知青岁月》等经典文章中的经典篇章和片段。学生演讲、演绎黄旭华、南仁东、袁隆平、屠呦呦、曲建武、任正非、李延年等英雄人物的故事，内心感受凝聚中国力量，各行业人民齐心奋斗实现中国梦的道理。

五、问题整理、个人方案

学习理论的目的是指导实践，创造美好生活。中国梦的实现是中国共产党人带领人民干出来的。中国梦也是每一个人的梦，社会主义现代化强国的实现，是经济、社会、政治、文化、生态各个领域全面发展、全面强大的过程。每一个领域发展都落实到具体的职业群体身上，工人、农民、科学家、工程师、企业家、党政干部、军人、教育工作者和学生、文艺工作者、环保工作者等。中国梦的实现需要每个人的发展和国家战略方向、经济社会发展规划同向同行，从而实现中国特色社会主义建设磅礴的力量，在推动国家发展的同时，也实现个体人生的最大价值。引导学生思考"大学生如何把个人奋斗同中国梦的实现结合起来？""2035年你的生活是什么样子？"2050年你的生活是什么样子？""想象一下，你是如何奋斗实现你的梦想生活的？"把学生的思考和个人方案形成文字，汇集成册，形成青年大学生永不褪色的青春记忆。

第四节　实践教学形式

教学实践活动是以视听言动的形式对理论形成过程的感性体验和思维模拟演练。实现中华民族伟大复兴的中国梦，是历经百年忧患的中华民族在 21 世纪结出的思维之花和理论硕果，并成为引领亿万中国人民奋斗的精神动力和行动指南。实现社会主义现代化强国两步走战略，描绘了在全面建成小康社会的基础上，中华民族实现伟大复兴的行动方案。这些理论需要大学生掌握，并成为人生奋斗的观念和精神力量。本章节的实践教学活动形式可如下：

（一）中国梦历史足迹展览

时间："第一节　实现中华民族伟大复兴的中国梦"之前或之后

地点：教室走廊、教室四周

类型：资料展览类

步骤：

第一步：搜集资料、图片、图书，整理历史人物、历史事件；

第二步：理论梳理和说明；

第三步：制作展板，展示成果。

（二）实地参观

时间："第一节　实现中华民族伟大复兴的中国梦"之后

地点：北京科技馆、北京展览馆、国家博物馆等

类型：参观访问类

步骤：

第一步：调查国家目前在展的重大纪念日展览有哪些，如改革开放 40 周年展览，中华人民共和国成立 70 周年展览；

第二步：制定实地参观的方式，个体参观和集体参观；

第三步：撰写参观体会。

（三）主题研讨

时间："第一节　实现中华民族伟大复兴的中国梦"课中

地点：教室

类型：研究探讨类

步骤：

第一步：聚焦主题，搜集资料；

第二步：分小组讨论，形成观点；

第三步：形成研讨报告。

（四）朗诵访谈

时间："第一节　实现中华民族伟大复兴的中国梦"课中或课后

地点：教室或会议室

类型：朗诵访谈类

步骤：

第一步：准备朗读文本或访谈提纲；

第二步：朗读演练或联系访谈人，约定好访谈时间、地点；

第三步：朗读或进行访谈；

第四步：保存朗读资料或整理访谈录音，形成访谈文稿。

（五）行动方案

时间："第二节　建成社会主义现代化强国的战略安排"课中或之后

地点：教室或课后

类型：提议方案类

步骤：

第一步：针对中国梦和现代化强国的目标，结合战略步骤和行动规划，理清社会发展目标；

第二步：结合经济社会发展的具体领域的现状、问题、前景、技术条件和人力资源状况，提出行动方案和规划；

第三步：大学生结合人生理想，说一说自己的行动和规划；

第四步：汇集成册，形成文字报告。

第五节　实践教学内容

教学案例一：港珠澳大桥

港珠澳大桥于 2009 年 12 月 15 日动工建造，2018 年 10 月 24 日，港珠澳大桥正式通车。这个建造了 9 年左右，耗资 1269 亿元。

海洋中的巨龙——珠港澳大桥。举世瞩目的港珠澳大桥，被英国《卫报》称为"现代世界七大奇迹"之一，其建设创下多项世界之最。

最长的跨海大桥。全长 55 公里，是世界上最长的跨海大桥；设计使用寿命 120 年，打破了世界上同类型桥梁的"百年惯例"。

最长的钢结构桥梁。港珠澳大桥仅主梁钢用量就达到 42 万吨，相当于 10 座鸟巢或者 60 座埃菲尔铁塔的重量。

最长的海底沉管隧道。海底隧道深埋部分长 5664 米，由 33 节钢筋混凝土结构的沉管对接而成，是世界上最长的海底沉管隧道。

最大断面的公路隧道。港珠澳大桥珠海连接线的核心控制性工程——拱北隧道是世界上最大断面的公路隧道；采用双向六车道设计，全长 2741 米，由海域人工岛明挖段、口岸暗挖段以及陆域明挖段三种不同结构的隧道连接而成。

最大节沉管。每个标准沉管长 180 米，宽 37.95 米，高 11.4 米，重约 80000 吨，是迄今为止世界最大体量的沉管；沉管浮在水中的时候，每个标准管节的排水量约 75000 吨，而辽宁号航母满载时的排水量也只有 67500 吨。

最精准"深海之吻"。数万吨沉管在海平面以下 13 米至 44 米不等的水深处无人对接，对接误差控制在 2 厘米以内，被喻为"海底穿针"。

超级工程背后的超级创新。港珠澳大桥主体工程集桥、岛、隧于一体，面临诸多世界级技术挑战，包括海中快速成岛、隧道基础处理与沉降控制、隧道管节沉放对接、大规模工厂化制造、海上埋置式承台施工、水下结构止水、超长钢桥面铺装、交通工程系统集成等。在九年的建设期间，全国各地的建设精英云集伶仃洋，不忘初心、牢记使命，历经艰苦卓绝的奋斗，用智慧和汗水浇注了这一举世瞩目的超级工程，在浩瀚伶仃洋上创造了中国桥梁建设的崭新诗篇。

200 多天建成两座 10 万平方米人工岛。从 2011 年 5 月 15 日在西人工岛打下第一个钢圆筒，到 2011 年 12 月 7 日东人工岛第 120 个钢圆筒振沉完毕，最终 200 多天内，两个 10 万平方米的离岸人工岛横卧在伶仃洋面上，以这么快的速度在海中开敞水域筑成两个 10 万平方米的人工岛，在世界上也属罕见，堪称奇迹。

连通两岸三地。港珠澳大桥把香港、珠海和澳门连接起来，极大缩短三地间的时空距离。由香港驱车开往珠海和澳门，可将原本 5 小时的路程缩短为 30 分钟。

难怪有英国网友为中国人的执行力点赞："中国人总能想到办法。中国制造业领军世界不是没有理由的，看看你家里有多少东西是中国制造的吧！""在中国，如果一件事儿需要解决，那么就一定会解决。"①

一、思考讨论

1. 当您看到珠港澳大桥，想到了什么？

2. 100 年前，中国能否建造这样一座大桥？

3. 为什么现在的中华人民共和国能建设这样的大桥？

4. 在大海中建设这样的桥梁，需要什么能力和条件？

5. 联系中国梦的内涵和途径，说一说，你心中的中国梦是什么？

二、案例点评

根据"思考讨论"的题目、结合教学内容进行评析

1. 当您看到珠港澳大桥，你想到了什么？

---

① 资料来源：港珠澳大桥今天正式通车 它创下多项世界第一 铸就世界工程奇迹，广州日报，2018-10-24

这是一个开放性问题，学生的回答会比较多元化，每一个回答都在现代化建设的范围内。教师可以根据学生的回答，因势利导，收拢到知识结构中。比如有的学生说，中国交通很厉害，教师可以说，交通行业是经济社会发展的先行官，属于第三产业。有的学生回答"中国工程师厉害"，教师可以评述，中国科技人员、工程师、劳动者队伍支撑起制造强国。

2. 100 年前，中国能否建造这样一座大桥？

学生对此回答比较一致，100 年前中国没有这样的财力、物力和人力。更没有今天这样和平统一的国内国际环境。

3. 为什么现在的中华人民共和国能建设这样的大桥？

今天的中华人民共和国繁荣富强，国富民安，经济总量、产业发展、科技水平、劳动者素质、科技人员等各个方面都能支撑这样巨大的工程。建设港珠澳大桥是为了"一国两制"、祖国统一。

4. 在大海中建设这样的桥梁，需要什么能力和条件？

强大的工程建设能力，科技创新能力，责任心和使命感，想象力和勇气、顽强拼搏的实干精神，团结奋斗的集体主义精神。

5. 联系中国梦的内涵和途径，说一说，你心中的中国梦是什么？

中国梦的本质是国家富强、民族振兴、人民幸福。实现中国梦的途径是坚持中国道路，弘扬中国精神，凝聚中国力量。

三、教学建议

本案例可以用在中国梦的教学上，中国梦的本质是国家富强、民族振兴、人民幸福，港珠澳大桥连接港珠澳三地，促进了粤港澳大湾区的发展，增进了三地人民的幸福指数，推动了"一国两制"的成功实践。港珠澳大桥的成功建设是领导决策层、工程技术人员、工人齐心协力共同奋斗的结果，也是社会主义集中力量办大事的体现。因此，中国梦的实现途径是弘扬中国精神、发挥中国力量、坚持中国道路。

教学案例二：中华人民共和国 70 年成就

1. 扶贫攻坚。以当时的农村贫困标准衡量，我国农村贫困人口从 1978

年末的 2.5 亿人减少到 1985 年末的 1.25 亿人；农村贫困发生率从 1978 年末的 30.7% 下降到 1985 年末的 14.8%。若以现行农村贫困标准衡量，农村贫困人口从 1978 年末的 7.7 亿人减少到 1985 年末的 6.6 亿人，农村贫困发生率从 1978 年末的 97.5% 下降到 1985 年末的 78.3%。2012 年末我国农村贫困人口 9899 万人，比 1985 年末减少 5.6 亿多人，下降了 85.0%；农村贫困发生率下降到 10.2%，比 1985 年末下降了 68.1 个百分点。按现行农村贫困标准，2013-2018 年我国农村减贫人数分别为 1650 万人、1232 万人、1442 万人、1240 万人、1289 万人、1386 万人，每年减贫人数均保持在 1000 万以上。六年来，农村已累计减贫 8239 万人。①

2. 1949 年，全国公共图书馆仅有 55 个，文化馆站 896 个，博物馆 21 个。2018 年底，全国共有公共图书馆 3176 个，为 1949 年的 57.7 倍，为 1978 年的 2.6 倍；文化馆站 44464 个，为 1949 年的 49.6 倍，为 1978 年的 9.7 倍；博物馆 4918 个，为 1949 年的 234.2 倍，为 1978 年的 14.1 倍。②

3. 中华人民共和国成立之初，交通运输面貌十分落后。全国铁路总里程仅 2.2 万公里。公路里程仅 8.1 万公里，没有一条高速公路。到 1978 年末，我国铁路营业里程增至 5.2 万公里，全国公路通车里程达 89.0 万公里，是中华人民共和国成立初期的 11.0 倍。到 2018 年末，全国铁路营业总里程达到 13.2 万公里，全国公路总里程达到 485 万公里。③

（注：当时的农村贫困标准指按 1984 年价格确定的每人每年 200 元的贫困标准，是较低水平的生存标准。现行农村贫困标准：指按 2010 年价格确定的每人每年 2300 元的贫困标准，是与小康社会相适应的稳定温饱标准。）

资料来源：

1. 扶贫开发持续强力推进脱贫攻坚取得历史性重大成就——中华人民共和国成立 70 周年经济社会发展成就系列报告之十五，国家统计局网

---

① 来源：国家统计局：中华人民共和国成立 70 周年经济社会发展成就系列报告
② 来源：国家统计局：中华人民共和国成立 70 周年经济社会发展成就系列报告
③ 国家统计局：中华人民共和国成立 70 周年经济社会发展成就系列报告

2. 文化事业繁荣兴盛文化产业快速发展——中华人民共和国成立 70 周年经济社会发展成就系列报告之八，国家统计局网

3. 交通运输铺就强国枢纽通途邮电通信助力创新经济航船——中华人民共和国成立 70 周年经济社会发展成就系列报告之十六，国家统计局网

一、思考讨论

1. 提问学生，祖父母、父母、自己三代人的生活状况

2. 中华人民共和国 70 周年的发展历程和家族发展的对比。

3. 中华人民共和国 70 年发展的理论指南和战略步骤。

4. 畅想 20 年、50 年后学生自己的生活状况。

二、案例点评

1. 通过国家发展历程与一个家族的发展历程，以小见大，透视国家发展战略和发展步骤在一个家族不同代人身上留下的时代烙印。

2. 通过畅想 20 年和 40 年后的自己，结合社会主义现代化强国战略目标和战略步骤，更深刻和更深切领会国家发展战略给个体生活和人生命运带来的变化。

三、教学建议

本教学安全可以用在第 9 章，"第一节　实现中华民族伟大复兴的中国梦"，中国梦的科学内涵，中国梦的本质是国家富强、民族振兴、人民幸福，国家富强、民族振兴是人民幸福的基础和保障，人民幸福是国家富强、民族振兴的根本出发点和落脚点。

教学案例三：中国制造的名片——中国高铁

1978 年，邓小平同志访问日本，乘坐新干线铁路上的高速列车，新干线运营时速达到 240 公里，而彼时中国铁路平均时速仅有 43 公里，邓小平："我就感觉到快，有催人跑的意思"；至此，高速铁路正式进入中国大众视野。

1991 年，《中长期科学技术发展纲要》发布，设计"八五"和"九五"科技攻关课题，独立研发中国高速铁路关键技术；12 月 28 日，广深铁路启动准高速化改造，成为中国第一条准高速铁路工程；同一时期，原中国铁道部组织专家完成《京沪高速铁路线路方案构想报告》，中国首次正式提出兴建高速铁路。

1998 年 8 月 28 日，广深铁路营运列车最高行驶速度 200 千米/小时，成为中国第一条达到高速指标的铁路，1999 年 4 月 23 日，广深铁路 200 千米/小时电气化新技术通过原中国铁道部鉴定；8 月 16 日，秦沈客运专线开工建设，作为中国第一条高速动车组试验线路。秦沈客专连接秦皇岛和沈阳，全长 404 公里，是中国第一条设计时速超过 200 公里的客运专线铁路。

2003 年 10 月 11 日，秦沈客运专线全线建成通车，设计速度 250 千米/小时，为中国第一条高速国铁线路。

2004 年 1 月 21 日，中国国务院审议通过《中长期铁路网规划》，规划建设"四横四纵"客运专线，设计速度指标 200 千米/小时以上。

2007 年 1 月 5 日，台湾高速铁路通车试营运，成为中国第一条投用的设计速度 300 千米/小时级别高速铁路；4 月 18 日，中国铁路第六次大面积提速启动，部分路段列车最高运营速度 250 千米/小时，中国首次在全国局部地区初具规模开行运营速度 200 千米/小时动车组列车，中国铁路开始迈入高速时代。

2008 年 8 月 1 日，中国第一条设计时速 350 公里的高铁线路—京津城际高铁正式运营，中国企业已经熟练掌握了国际四大高铁巨头的先进技术了。

2009 年 12 月 26 日，京广高速铁路武广段开通运营，列车最高运营速度 350 千米/小时，首次打破中国铁路春运瓶颈，高铁运输在干线铁路上占据重要地位，为中国正式进入高铁时代标志。

2017 年 6 月 26 日上午 11 时 05 分，两列"复兴号"从京沪两地同时对开首发。这是中国标准动车组的正式亮相。中国标准少不了"中国芯"——大功率 IGBT（绝缘栅双极型晶体管）技术，正是它悄然把控着机车的自动控制和功率变换。这项被誉为"皇冠上的明珠"的现代机车车辆技术，被德国、日本等国把控了30年。如今，由中车株洲电力机车研究所有限公司研发突破，实现了自主国产化。"IGBT"学名是绝缘栅双极型晶体管，是能源变换与传输的核心器件，俗称电力电子装置的"CPU"。作为国家战略性新兴产业，在轨道交通、智能电网、航空航天、电动汽车与新能源装备等领域应用极广。过去，我国机车车辆用IGBT模块都要从德国、日本进口，特别是在高等级的IGBT器件上，更没有中国人的一席之地。2008年，随着高铁建设的加快，需求倍增，一个8列的动车组就需要152个芯片，成本高达200万元。每年中国需要10万只芯片，总金额高达12亿元。

截至2019年，中国高铁运营里程超过2.9万公里，占世界高铁总里程的三分之二。"复兴号"的问世，标志着中国高铁事业拥有了完全自主研发最先进平台的能力，中国高铁不仅是世界高铁产业的领头羊，还是中国制造的最好名片。

中国高铁是中国中车出品。中国中车是全球规模领先、品种齐全、技术先进的轨道交通装备供应商，拥有铁路装备、城轨及城市基础设施、新产业、现代服务业四大业务板块。从20世纪60年代开始，中车株洲所就掌握了双极器件技术（一种集成电路技术），但对于技术更为先进的IGBT芯片及模块设计、制造技术，还是一片空白。中株所的科研人员几乎是废寝忘食地投入到IGBT的研制工作中。2010年5月，中株所在英国成立功率半导体研发中心，在这个中国轨道交通装备制造企业首个海外研发中心里，集中开发新一代IGBT芯片技术。2013年12月27日，中株所自主研制成功第一款国内最大电压等级、最高功率密度的6500伏高压IGBT芯片，技术总体处于国际领先水平，实现了中国在高端IGBT技术领域与国际先进水平接轨。2015年，中国自主研发的高功率IGBT芯片首次走出国门，出口印度。

2018年，习近平总书记两次点赞"复兴号"，"复兴号奔驰在祖国广袤的大地上""复兴号高速列车迈出从追赶到领跑的关键一步"。稳步推进时速400公里以上跨国互联互通高速动车组、时速600公里以上高速磁浮列车等 11 项国家重点专项实施，实现在高速动车组、高速磁浮列车等领域"领先领跑"。2019 年 5 月 23 日，我国时速 600 公里高速磁浮试验样车在青岛下线，标志着我国在高速磁浮技术领域实现重大突破。全球首辆全碳纤维复合材料地铁车体研制成功，引领未来地铁发展潮流。成功搭建 25 吨、27 吨、30 吨轴重大功率内燃和电力机车平台、通用和专用货车平台，铁路重载装备技术达到世界先进水平。

中国中车深入实施人才强企战略。以全球一体化战略人才管理体系建设为主线，坚持高端引领、整体开发的方针，大力培养世界级的科技领军人才、专业学科带头人和院士后备人才，具有国际化视野、通晓国际化规则的国际化人才，具有全球眼光、市场开发意识、管理创新能力和社会责任感的职业经理人，技艺精湛、掌握绝技绝活的"大国工匠"，为实现"双打造一培育"目标提供坚强的人才保证和智力支持。目前，全集团已形成由 14 名中车科学家和 130 余名集团级首席专家担纲、12000 余名各类专家协力奋斗的核心人才队伍（中车核心人才荣誉等级体系），培养造就了 500 人的中车企业家队伍和近 9000 人的国际化人才队伍，有 8 人成为"中华技能大奖"获得者、121 人成为"全国技术能手"、19 名技能人才成为近两届全国劳模、7 名技能人才当选党的十八大、十九大代表。

一、讨论议题

1. 提问学生，出门旅行一般乘坐什么交通工具？

2. 去某一个城市，比如乘火车去上海，乘坐慢车、快车、动车和高铁分别用多长时间。

3. 高铁网的形成对城市发展与国家区域经济发展的作用是什么？

4. 和谐号、复兴号动车反映了中国人的什么精神？

二、点评思考

1. 透过中国高铁的发展历程，理解国家发展战略和发展步骤的时代烙印。

2. 结合社会主义现代化强国战略目标和战略步骤，让学生们理解实干兴邦，强国目标的实现是一代一代人奋斗的结果。

三、教学建议

本案例可以用在第 9 章，"第一节 实现中华民族伟大复兴的中国梦"，中国梦的科学内涵，也可以用在"第二节 建成社会主义现代化强国的战略安排"

第六节 实践教学思考

实践教学是理论课教学中必不可少的一个环节。思想政治理论课教学的目的是立德树人，最终目的是要把马克思主义中国化的理论成果变成学生真知、真信的社会发展道理，并在学习工作中遵循这些规律和道理做事，使大学生真正变成社会主义的合格建设者和可靠接班人。为达到这个效果和目的，就要认真研究教育教学规律，研究人的思想和观念的形成规律。在人的思想观念的形成规律中，感性起到了非常重要的作用。人的认识过程是一个在实践基础上不断深化的发展过程，表现为实践基础上由感性认识到理性认识，再从理性认识指导实践并深化修正理性认识的具体过程，实现"实践——认识——再实践——新认识"的循环往复和无限发展的总过程。其中，感性认识是理性认识的基础。

实践教学的特点是感性认识，主要以视听言动的方式接触鲜活的经济社会现象，形成对于社会经济现象或人物事件的第一印象。感性认识是整个认识过程的起始环节，没有深入到对事物本质的认识，所以必须进一步上升到理性认识。任何理论和理性认识的形成都离不开感性认识，感性是理性认识的发酵剂、催化剂，它使知识真正和人的经验、感情、意志紧紧融为一体，并化为坚实的行动。实践教学的目的就是实现理论高度与实践深度的有机结合。

感性认识的形成需要丰富生动的实践。在实践教学中，要采取多种多样的形式，查阅历史文献、观看影像资料、实地考察、红色基地、榜样采访、实习实训、朗诵阅读、展览参观、角色扮演、时事播报等视听言动的感性形式，让学生收集丰富多样的感性材料，形成对社会经济理论主题的感性认识，在对话、思考中，总结、概括、归纳这些感性材料进而形成理性认知和理论知识。理论的形成过程就是对感性材料的"蒸馏"过程，最后剩下的都是概念、判断和观念。

在实践教学中，教师要善于引导学生进行感性材料的梳理、总结和概括，进而通过头脑风暴和对话讨论，借助教师引入的新知识点之概念和理论，帮助学生达到新概念和新观念的形成，实现认知的升华，最终使学生的生活体验和书本上的理论知识融为一体，使理论变成鲜活的人生经验和人生道理，理论教育过程水到渠成入脑入心。

在实践教学中，教师的作用就像思想的"助产士"。教师要设计环环相扣的问题链，引领学生思维流程的发展走向，使学生丰富多样的感性材料经由思想的化学反应，最终提炼成理论的精华和珍珠。

第七节　实践教学考核

实践教学形式的考核要有凭有据。考核要根据学生实践教学出勤、实践教学的参观感想和学习体会，视频材料、朗读音频、手抄报等作业形式，根据作业质量给出相应的评价。

实践教学的考核形式可以书面作业考核，可以现场汇报小组答辩，可以教师在实践教学现场考察中给出考评。

实践教学的考核比重可以根据情况灵活机动，40%或50%。

资料来源：

1. 如何"智造"一颗跃动的"中国芯"？人民日报海外版探访株洲寻找答案，李建兴　田晓明　李有军　杨俊峰，http：//www.sohu.com/a/165430390_ 226934

2. 中国高铁的诞生：自主研发与技术引进该如何平衡？https：//www.lovove.com/214600

3. 国资委研究中心. 深入贯彻落实习近平总书记重要指示精神　奋发有为早日实现"双打造一培育"目标，2019-12-05

4. 中国高铁跃动"中国芯"，胡小亮　中国青年报·中青在线记者　洪克非，中国青年报，2017 年 06 月 30 日 02 版

5. 我国高铁总里程占世界总量66.3%"四纵四横"高铁网基本形成. 新华网 http：//www. xinhuanet. com/politics/2018-02/14/c_ 1122417619. htm

作者简介：李红梅，毕业于中国人民大学马克思主义基本原理专业，获博士学位，副教授。

第十章

"五位一体"总体布局

第一节　实践教学目的

　　五位一体总体布局一章是《概论》教材中涵盖内容最广的一章。本章在 2015 版《概论》教材是四章的内容。2018 版新教材中的本章涵盖了政治、经济、文化、社会、生态五个方面。面对内容广泛又有理论深度的内容，教师讲授和学生学习都比较吃力。"第一节　建设现代化经济体系中的贯彻新发展理念、深化供给侧结构性改革"等内容是目前中国产业结构升级的必由之路，意义重大。既是重大理论问题，又是重大现实实践课题。这些经济问题比较专业，需要在教师讲授和学生接受理解时更好地结合现实才更通俗易懂。本章"第二节　发展社会主义民主政治"部分除了我国国体、政体的介绍外，还加进了"一国两制"的内容。这是重大的现实问题，更具有实践的基础。本章"第五节　建设美丽中国"部分和师生的生活息息相关，美丽中国建设需要每一个人的努力，更需要年轻一代的努力，特别需要加入实践的内容。"第三节　推动社会主义文化繁荣兴盛，培育和践行社会主义核心价值观"是大国崛起文化软实力的要求，对中华民族伟大复兴至关重要，不仅需要了解其理论意义，更需要每个青年的身体力行。加入实践内容有利于青年一代知行合一做社会主义的接班人和建设者。"第四节　坚持在发展中保障和改善民生——坚持总体国家安全观"是以习近平同志为核心的党中央应对当今国际形势作出的部署，对我国应对国际挑战具有重要意义，希望同学们通过实践加强认识。所以本章有很多内容有实践的必要性和可能性。本章探讨可以进行实践的主题，并重点针对深化供给侧经济改革、坚持"一国两制"，推进祖国统一、建设美丽中国三部分内容设计实践教学案例。

第二节　实践教学目标

一、认知目标

1. 本章深化供给侧结构性改革；建设现代化经济体系是经济理论和经济政策内容，非经济类专业学生比较陌生。通过实践过程引导学生在实践中获得对我国经济发展以及经济方针政策的感性认识，深化对经济在国家建设、发展中基础性作用的理解。同时正确理解和认识我国经济增长速度回落的原因和现实，理解经济发展新常态是什么，消除急躁及悲观情绪。

2. 坚持"一国两制"，推进祖国统一部分的实践，使学生深入了解香港、澳门、台湾问题产生的原因，亲自了解历史体悟现实，有利于学生支持、宣传"一国两制"，不被现实中的问题迷惑，强化爱国主义情怀。

3. 建设美丽中国部分的实践有利于学生在生态文明建设中从自己做起，做美丽中国建设中的一员，为美丽中国建设贡献自己的力量。

二、能力目标

1. 增加对经济发展规律的认识，锻炼理性思维能力，加深对所学理论的认识。同时为学生创造更多接触社会、了解国情、主动思考的机会。

2. 通过实践将所学的理论应用与实际，提高将理论运用于实践能力；提高分析问题、解决问题能力；通过身体力行实践践行知行合一。

3. 培养学生自我学习的习惯和能力；锻炼组织能力、沟通能力和团队合作与竞争意识。

三、成果目标

1. 在课堂理论学习之外，通过教师推荐的资料的阅读和讨论，在教师、学生共同探讨的基础上，制作 PPT，以 Presentation 主题演讲的形式在全班进行汇报。并在实践结束后撰写个人实践总结。

2. 通过收集资料，制作关于香港、澳门、台湾问题的资料集。制作有关朗读、演唱《七子之歌》，制作视频 MV。

3. 在实地参观和理论挖掘的基础上，通过主题研讨，形成行之有效的关于参与美丽中国建设的学生微行动方案。

第三节　实践教学思路

一、总体思路：

1. 坚持以学生为主体，结合教材理论内容，积极因材施教，鼓励学生的个性发展。小组根据自己兴趣爱好选择教师提供的备选实践项目。

2. 加大对学生创新意识和实践能力培养的力度，鼓励同学在实践中创新，发挥自己的特长和天赋。

二、备选实践题目

主体研讨：供给侧结构性改革意味着什么。

模拟演练：模拟人民代表大会形成一个提案。

观察分析："战疫"观察：疫情中舆论、语言的力量，疫情对一个国家经济、社会的影响，分析总体国家安全观。

三、实践示例

1. 阅读资料，主题研讨，翻转课堂

此次实践活动依据不同章节采取不同做法。针对深化供给侧结构性改革、建设现代化经济体系是经济理论和经济政策内容，非经济类专业学生比较陌生的情况，主要是通过教师引导提供实践教学案例阅读的方式。推荐文章包括《一文看懂新中国 70 年经济史》①；刘伟委员解读《为何要以供给侧结构性改革为主线》②。学生组成实践小组，通过阅读资料小组讨论，制作 PPT，小组代表为同学讲授，教师点评，并辅之以反转课堂。

2. 走进历史、歌曲演唱

针对"坚持'一国两制'，推进祖国统一"部分的实践，设计深入了解"一国两制"实践主题。学生从流传广泛的歌曲《七子之歌》入手，小组成员一起深入了解闻一多创造《七子之歌》的历史背景，了解"七子"都包括什么，作者怎样描述的？学唱排练《七子之歌》，制作视频 MV。

3. 主题研讨、社区行动

针对建设美丽中国部分的实践，在理论讲授的基础上，通过主题研讨形式，形成行之有效的关于参与美丽中国建设的调研报告和自我行动方案，这部分贵在践行。首先进行班级主题研讨。推荐阅读《南极命悬一线》等文章，观看视频《救救地球》，分小组讨论自己能做什么，小组代表分享，形成班级环境保护从我做起倡议书。

第四节 实践教学形式

一、阅读资料，主题研讨，翻转课堂教学形式与步骤

1. 组织单位形式：以小组为单位完成任务。

2. 实施步骤

（1）教师撰写实践方案，布置实践要求和实践内容，供同学选择。

（2）小组确定实践内容，形成提纲，与教师见面讨论，确定最终

---

① 三联生活周刊 2019 年 9 月 24 日
② 经济日报-中国经济网 2018 年 3 月 15 日

提纲。

（3）搜集、阅读材料，小组研讨。小组根据研究讨论后的结果，在充分搜集材料的基础上制作 PPT，以 Presentation 主题演讲的形式在全班进行汇报。

3. 实践要求

（1）回答提问，深入讨论。小组 Presentation 主题演讲展示结束后，其他学生及教师根据演讲的内容提出三个以上相关问题，全体小组成员共同回答。通过全班同学的共同讨论，深化对所选主题的理解和认识。

（2）多面评估，共同进步。Presentation 主题演讲结束后，请小组团队、其他同学及教师对学生 Presentation 主题演讲的全过程进行点评，教师进行总结点评，结合理论，深化认识。指出实践中小组及学生个体优点及有待提高的地方，帮助学生进步。

二、走进历史、歌曲演唱教学形式与步骤

1. 该实践活动围绕"坚持'一国两制'，推进祖国统一"部分的理论内容。小组成员查阅历史资料，深入了解闻一多创造《七子之歌》的历史背景。了解香港、澳门、台湾问题的由来，了解中国志士仁人为反对殖民主义，捍卫国家独立统一的呼吁呐喊和牺牲。

2. 小组成员学唱排练《七子之歌》，提前学会歌曲，进行集体排练后录制 MV。

3. 制作 PPT 班级内容涵盖相关历史内容学习认知，并展示歌曲演唱 MV，也可现场演唱展示。

4. 案例点评

结合"一国两制"的内容，演唱《七子之歌》，这是基于理论的实践。回顾了《七子之歌》的由来，和澳门被殖民历史，通古论今。歌曲优美动听，打动人心。最后引用王维诗句"遥知兄弟登高处，遍插茱萸少一人"谈到台湾回归，实践串联整个"一国两制"理论和实践。

三、主题研讨、社区行动教学形式与步骤

1. 以班级为单位完成任务

2. 实施步骤:

(1)推荐阅读《南极命悬一线》,观看视频《救救地球》,撰写观后感。

(2)集中时间进行主题研讨。分小组讨论自己能做什么,小组代表分享,形成班级环境保护从我做起倡议书。

(3)以小组为单位走出校园,需按照倡议书要求至少做一件为社区环保做贡献的公益活动。

四、教师实践教学方案示例

1. 实践教学目的

通过实践教学,内化理论认知,外化实践活动,增进学生的"五位一体"的体悟与认知。

2. 实践教学内容

调查报告:我国电影票房和电影的国际化之路调查、当前美丽乡村建设情况调查

实践践行:为美丽中国建设我们在行动设计

3. 组织形式与实施步骤

(1)以小组为单位完成任务

(2)实施步骤

①教师布置实践要求和实践内容,供同学选择。

②小组确定实践内容,形成提纲,与教师见面讨论,确定最终提纲。

③深入社会进行实践,并拍摄照片和视频,或发放调查问卷或访谈。上交照片,不少于5张。要求写清楚拍摄时间和地点,调查的时间、地点和人物,形成初稿,交与教师以小组为单位面对面辅导。

④形成终稿。形成小组总结报告,字数要求1500字左右,并以PPT的形式展示。每个人撰写实践总结一份。

⑤以小组为单位展示。

4. 实践要求

（1）必须实地进行拍摄或调查或查找、阅读、观看教师要求的资料，若发现弄虚作假现象一律按零分计。

（2）走访照片须有拍摄时间地点，若发现利用 PS 合成照片者一律按零分计。

5. 考核方法

根据各个小组提交的成果和每位学生完成的任务和贡献，给出课外实践教学的成绩。

6. 实践教学进度安排

序号	指导内容	学时	时间	方式	地点
1	布置任务	0.5		集中	
2	修改确认调研方案及实践提纲	0.5		与小组面对面	
3	修改初稿	0.5		与小组面对面	
4	修改第二稿	0.5		与小组面对面	
5	定稿	0.5		与小组面对面	
6	总结和展示	0.5		集中	

7. 实践教学说明

（1）班级所有学生都须按小组形式参与全部实践过程，在实践活动中要增强团队意识，精诚合作，切忌"搭顺风车"。

（2）电子版文件文件夹以小组长姓名命名。

第五节 实践教学考核

根据实践教学在课程中所占学时，建议实践教学成绩占本课程最终考核总成绩的20%。所有学生都必须参加本课程实践教学活动项目，否则实践成绩记零分。实践教学成绩由过程性考核和最终成果考核决定。学生最终成绩由小组得分和自己的实践总结、平时表现构成。下列表格是小组得分构成，教师在小组成绩基础上结合个人实践总结上下浮动，得出个人最后实践分数。

评分分项	评分基本标准			满分
1. 视频观后感	标题	有观看行为	有真实感受	20
	1分	1分	18分	
2. 调查报告	格式符合要求	结构合理	观点科学，具有创新性	20
	2分	3分	15分	
3. 视频	格式符合要求	一定的专业水准	观点科学，具有创新性	20
	2分	3分	15分	
4. PPT调研报告	格式符合要求	结构合理	思路清晰，具有创新性	20
	2分	3分	15分	
5. 实践践行活动	完成资料学习	参与方案制订	参与外出实践	20
	3分	2分	15分	

小组实践教学考核标准

实践项目	布置任务	调研方案提纲修改及确认	修改初稿	修改第二稿	定稿	展示和总结	备注
时间	月　日（第　周周　节）	月　日（第　周周　节）	月　日（第　周周　节）	月　日（第　周周　节）	月　日（第　周周　节）	月　日（第　周周　节）	
形式地点	集中	与小组面对面	与小组面对面	与小组面对面	与小组面对面	集中	
1 组成员							
2 组成员							
3 组成员							

第六节　实践教学思考

　　实践过程中教师要对自己的实践过程进行记录，一方面记录各个小组的进展情况，也可以随时记录各组的态度和表现。教师对自己指导学生的情况记录下来，以便管理部门考核教师的工作量。记录表详细记录教师指导实践进程的时间、地点、指导内容、指导对象。起到记录教师指导工作和学生实践过程的双重效果。每个学期实践教学结束，教师撰写学期实践教学总结。总结成绩，分析不足，为下个学期的实践教学奠定改进的基础。

附：2020-20××学年第×学期×班《概论》社会实践记录

作者简介：韩凤荣，北京青年政治学院教授、北京市高校思想政治理论课特级教授。

第十一章

"四个全面"战略布局

"四个全面"战略布局是中国共产党在新形势下治国理政的总方略。全面建成小康社会是战略目标，全面深化改革、全面依法治国、全面从严治党是战略举措。其中，2020 年全面建成小康社会是第一个百年奋斗目标，是中华民族伟大复兴"中国梦"的近期目标，也是实现中华民族伟大复兴"中国梦"的重要基础、关键一步；全面深化改革旨在完善和发展中国特色社会主义制度、推进国家治理体系和治理能力现代化；全面依法治国旨在建设中国特色社会主义法治体系和社会主义法治国家；全面从严治党旨在贯彻落实新时代党的建设总要求、以永远在路上的执着把管党治党引向深入。以下是"四个全面"战略布局章节的实践教学设计。

第一节 实践教学目的

本章内容分为四节，"第一节 全面建成小康社会"讲述全面建成小康社会的内涵、目标、要求。党的十八大提出到 2020 年全面建成小康社会的奋斗目标，党的十八届五中全会赋予"小康"更高的标准、更丰富的内涵，党的十九大进一步明确了决胜全面建成小康社会的战略安排。

"第二节 全面深化改革"。党的十八大以来，以习近平同志为核心的党中央把全面深化改革作为"四个全面"战略布局中具有突破性与先导性的关键环节和具有新的历史特点伟大斗争的重要方面。本节概述了全面深化改革的总目标和主要内容，并特别强调了在推进国家治理体系和治理能力现代化更正确处理的几对重大关系。

"第三节 全面依法治国"。党的十九大明确提出，全面依法治国是中国特色社会主义的本质要求和重要保障。本节讲述建设中国特色社会主义法治体系和法治国家的目标和全面依法治国方略的形成发展、中国特色社会主义法治道路以及深化依法治国实践的重点任务。

"第四节 全面从严治党"。讲述新时代党的建设总要求："把党建设成为始终走在时代前列、人民衷心拥护、勇于自我革命、经得起各种风浪考验、朝气蓬勃的马克思主义执政党"。党的十九大首次把党的政治建设纳入党的建设总体布局，明确把党的政治建设摆在首位，把廉政建设和反腐败斗争，作为从严治党的重中之重，提出要把全面从严治党引向深入，确保全面从严治党永远在路上。

本章旨在引导大学生充分了解"四个全面"战略布局提出的背景意义和基本内涵、深刻理解"四个全面"战略布局是以习近平同志为核心的党中央治国理政战略思想的重要内容。"四个全面"战略布局整体是个"大系统"，每个"全面"又是个相对独立的"小系统"。在"四个全面"大系统中，"全面深化改革"作为动力系统、"全面依法治国"作为保障系统，"全面从严治党"作为控制系统，三个"小系统"共同服务于"全面建成小康社会"这个中枢目标。可见，"四个全面"大系统不是简单的小系统相加，而是有机统一于中国共产党治国理政伟大实践的化学反应。显然，"四个全面"战略布局是历史逻辑、现实逻辑、理论逻辑辩证统一的系统聚成，只有将这种系统思维传授给学生，引导学生放眼整体，总揽全局，学生在以后的学习工作实践中才能科学处理好全局与局部、局部与局部的关系，才能更好地投身到全面建设社会主义现代化国家之中。

第二节 实践教学目标

一、知识目标

通过实践教学，引导大学生充分了解"四个全面"战略布局提出的时代背景、主要内容、相互关系和战略意义；全面认识"四个全面"是对未来中国治理的战略指引，全面深化改革、全面依法治国、全面从严治党相互作用、螺旋递进，将贯穿中国全面建成小康社会的全过程；准确把握全面建成小康社会的目标要求、全面深化改革的目标使命、全面依法治国的目标任务和新时代党的建设总要求；深刻理解"四个全面"既是引领党和国家各项工作的鲜明旗帜，引领着中华民族伟大复兴中国梦的实现，又是党和国家开展各项工作的重要方法和途径，指引着当代大学生有目标有方向地走向未来。

二、能力目标

通过实践教学，引导大学生从"四个全面"战略布局的提出背景、逻辑关系上把握其精髓，培养大学生运用马克思主义的立场、观点、方法分析和解决问题的能力。与时俱进、改革创新是马克思主义的理论品格和根本要求。从提出背景来看，"四个全面"经历了一个逐步演进的进程。2012 年 11 月，党的十八大提出全面建成小康社会；2013 年 11 月，党的十八届三中全会提出全面深化改革；2014 年 10 月，十八届四中全会提出全面依法治国；2014 年 10 月 8 日，党的群众路线教育实践活动总结大会提出全面从严治党。"四个全面"战略布局的提出和展开，是自党的十八大以来，以习近平同志为核心的党中央，紧紧围绕坚持和发展中国特色社会主义这个主题，坚持解放思想、与时俱进、求真务实、改革创新的必然结果，是秉持大无畏革命精神的充分体现，它紧紧契合于时代、深深扎根于实践。从逻辑关系来看，"四个全面"是一个有机联系的整体，环环相扣、相互促进。全面建成小康社会是物质基础和阶段目标，全面深化改革和全面依法治国如鸟之两翼、车之双轮，将共同推动全面建成小康社会目标如期实现。从"全面建设小康社会"到"全面建成小康社会"。"四个全面"战略布局是对中国共产党治国理政方略的继承完善和发展创新，是当代中国治国理政的总体方略，是对道路自信、理论自信、制度自信、文化自信的高度概括，是对世界大格局的有力把握。每一时代的青年在特定时代背景下都有着这一时代所赋予的使命和担当，在全面建成小康社会、实现中国梦的时代背景下，大学生应承担起应有的时代责任。

三、价值目标

通过实践教学，引导大学生学会从价值层面思考"应当如何"及"应当怎么做"。在了解"四个全面"重大战略思想知识基础上，深刻体会其重要的理论意义和实践价值。在"四个全面"战略布局中，全面建成小康社会是我们的战略目标，最终目标是实现中国梦，中国梦实现的终极目的是保证广大人民群众共享社会发展成果，使广大人民群众获得幸福安宁的生活。中国梦的实现离不开社会主义核心价值观的践行。中华文明源远流长，深刻地影响了中国人民的价值取向与价值追求，而大学生未来终将走向社会的各个岗位，所学知识为谁服务是每个大学生必须思考的问题，而大学生在步入社会后如何为社会服务成为令人深思的问题。在当今价值多元、文化交锋、观念多样的复杂社会背景下，大学生须积极践行社会主义核心价值观，始终保持积极的人生态度、良好的道德品质、健康的生活情趣，自觉树立起为人民服务的理念，通过不断的人生实践，提高道德水平和素养，真正成为实现中国梦的时代生力军和伟大践行者。

第三节 实践教学设计

根据建构主义理论和情境学习理论，实践教学不追求教科书式的静态理论体系构建，而是让大学生以视听言动的方式深刻体验和认知理论知识，注重培养大学生的动手能力、社会活动能力、发现与解决问题的能力和创新能力，使教学充满源于实践、不断创新的生命活力。实践教学不仅包括课堂外的社会实践，而且包括课堂内的各种社会实践活动。本章节实践教学探寻设计以调动大学生认真学习习近平总书记关于"四个全面"战略布局重要论述的积极性、提升大学生运用马克思主义世界观和方法论分析解决问题的能力为核心、构建以教师、学生、高校、社会机构共同参与的"多元互动式"实践模式。

　　本章节实践教学注重课内课外有机结合，强调贯穿课前课后，重视实践教学的实效性。实践教学通过以案例式 PBL 教学法为主导，混合式教学等多种方式为补充进行，主要包括课前调研、课后宣讲；课内案例导入、专题讨论、模拟修宪、课外参观考察等内容和环节。

一、课前预设调研

　　在课前预设环节，组织开展课程问卷或座谈调研，了解大学生对章节理论知识点的认知情况，如"四个全面"战略布局提出的背景是什么、"四个全面"战略布局的基本内容是什么、"四个全面"战略布局的逻辑关系是什么、"四个全面"战略布局的战略意义体现在哪里？充分了解学生对"四个全面"理论学习的弱项和欠缺等，以期有的放矢组织实践教学。实践教学预设调研以第十一章整个章节为教材依据。

二、课中案例导入

　　案例教学具有生动具体、直观易学、集思广益等优点，能充分调动大学生的学习主动性，实现教学相长。在课程导入环节，紧密联系实际，列举经典案例，并有意识导入问题，激发大学生的学习兴趣。如引入自党的十八大以来，各地各部门贯彻落实党中央国务院精准扶贫、精准脱贫的要求，全力攻坚推进扶贫开发工作、努力建成全面小康社会的典型案例；引入中央纪委监察和各级纪委监察认真抓实党风廉政建设和反腐败斗争、查处大批大案要案、严惩一批党内"老虎""苍蝇"等腐败分子的典型案例。通过导入典型案例，形成一种启发式教学模式，充分调动学生主动学习的积极性。该实践教学以"第一节　全面建成小康社会"之"决胜全面建成小康社会""第四节　全面从严治党"之"全面从严治党永远在路上"为教材依据。

三、课内专题讨论

在本章节理论知识点背景介绍、能力提升、价值观塑造的基础上，采用探究式教学模式，即通过采用专题讨论教学方法，充分调动大学生的学习积极性，使得受教育主体主动探索研究，培养他们提出不同意见，得出不同结论的意识。教师通过随机抽取或学生自愿组建实践讨论小组，就不同主题设置讨论议题或学生自主申报讨论议题，引导学生与其他同学合作解决问题。讨论主题可以设置"'四个全面'的逻辑关系"和"'四个全面'的战略意义"等。在讨论之前，教师做好"四个全面"战略布局提出背景和基本内容的介绍和讲授，教师充分运用现代教育技术，将信息技术与实践教学紧密结合起来，插入图片、文本案例、音频视频等资料，生动形象地向学生展示党的十一届三中全会以来党中央的一系列重要决策部署；党的十五大报告首次提出"两个一百年"奋斗目标；党的十六大、十七大对"两个一百年"奋斗目标作出强调和安排；党的十八大描绘全面建成小康社会、加快推进社会主义现代化的宏伟蓝图；自党的十八大以来，以习近平同志为核心的党中央带领全党全国各族人民励精图治、攻坚克难，改革发展各项事业取得的重大成就。正是在这样的时代背景下，逐步提出"四个全面"战略布局。"四个全面"战略布局包括"全面建成小康社会""全面深化改革""全面依法治国""全面从严治党"四个方面的基本内容。在教师进行背景介绍和基本内容讲授的基础上，学生根据兴趣组建专题讨论小组，从不同角度探讨对"四个全面"战略布局的理解和看法，营造一种"比学赶帮超"的学习氛围。与此同时，教师积极引导学生进行陈述或辩论，并与小组组长一起担任评委进行点评和总结。该实践教学以第十一章整个章节为教材依据。

四、课内模拟修宪

"四个全面"是党中央治国理政的总体框架。本章第二节内容为"全面深化改革",第三节内容为"全面依法治国"。全面深化改革的目标是"完善和发展中国特色社会主义制度""推进国家治理体系和治理能力现代化",全面深化改革是一个复杂的系统工程,每一项改革都会对其他改革产生重要影响,每一项改革又都需要其他改革协同配合。依法治国,首先是依宪治国,依法执政关键在依宪执政。新中国成立以来,我国先后制定了四部宪法,现行宪法是1982年宪法,至今已有五个修正案。2018年3月11日,第十三届全国人民代表大会第一次会议通过《中华人民共和国宪法修正案》,这是新中国第五次修改宪法。针对这两节内容,为使学生深入理解中国特色社会主义制度、中国特色社会主义法治体系建设,深刻把握全面依法治国基本方略的形成发展历程,可探索采用模拟修宪教学方法,让学生自己扮演立法机关的立法人员,逐条对照宪法原文,提出修改建议和意见,并说明修改理由。在此过程中,教师积极鼓励学生大胆建言献策,并进行适当点评。该实践教学环节以"第二节 全面深化改革"和"第三节 全面依法治国"为教材依据。

五、课外参观考察

课外参观考察是课内案例导入和专题讨论的延续。理论与实际相结合,让理论的光芒照耀学生的人生,使学生感受到理论的可亲。精准扶贫、全面小康有很多现实经验与精彩做法,不乏典型案例;党内反腐倡廉"打老虎""拍苍蝇"也有很多典型案件。为强化和丰富学生的感性认识,根据教学需要,可以组织学生进行实地参观或调研考察"精准扶贫、全面小康"乡村巨变和扶贫项目、"中国共产党反腐倡廉历程展"和"反腐倡廉典型案件展"等,使学生学会运用所学理论知识和马克思主义的立场、观点、方法,分析社会现象和社会问题,并针对社会现象和社会问题,提出自己的看法和见解,撰写参观体会或调研考察报告。该实践教学环节以"第一节 全面建成小康社会"和"第四节 全面从严治党"为教材依据。

六、课后宣讲体察

思想政治教育第二课堂是思想政治理论课程课堂教学之外的校园活动的统称，它是第一课堂的发展和延伸。"课后宣讲"实践教学方式能极大激发学生学习兴趣，锻造学生健全人格，培养学生综合能力，促进学生的成长成才，利于学生综合素质的全面提高。学生通过课后宣讲"四个全面"战略布局的主要内容和战略意义，可以更深入、更全面地理解党的十一届三中全会以来党的路线、方针和政策的英明正确性，特别是党的十八大以来以习近平同志为核心的党中央作出的一系列重大部署的伟大正确性，正是在这些重大战略决策的指引下，党和国家事业才取得历史性成就、发生历史性变革。学生通过课后宣讲，形成对理论的深刻体察和认知，真正实现理论内化于心的效果。该实践教学以第十一章整个章节为教材依据。

第四节 实践教学形式

根据第三节实践教学活动设计思路，本章节实践教学借助多媒体技术手段，采用案例导入式教学、小组讨论式教学、情景模拟式教学（课内模拟修宪）、实地调查式教学（课外参观考察）、宣讲式教学等方式，旨在通过"教师教的方法"和"学生学的方法"彼此融合，提升学生理论水平和知识综合应用能力，塑造学生正确的价值观，取得最佳的教学效果。

一、实践课时

根据本章节内容和在整个课程体系中所占比重，建议课时安排6个学时。其中，0.5个学时课前调研、课前预习参考书目和相关资料；2个学时课上案例导入、小组讨论和模拟修宪；2个学时开展校外实地参观、调研考察；0.5个学时开展校内课后宣讲；1个学时汇报交流和教师点评、学生互评。

二、实践地点

本章节实践教学采用课内实践教学与课外实践教学相结合的方式，地点分为校内和校外。

课内教学主要涉及案例导入、小组讨论、模拟修宪、课后宣讲、理论知识学习、视频观看和课前调研等，地点主要在校内，包括多媒体教室、教室走廊、教室四周、图书馆、会议室等校内公共场域，课前调研也可以选择网络调研，如问卷星等。

课外教学主要涉及实地参观、调研考察，地点主要在校外。参观考察地点可以选择学校所在地的社会主义新农村、扶贫开发项目所在地、展示全面小康重大成就的展览馆、中共反腐倡廉历程纪念馆、反腐倡廉典型案例实践教学基地等。

三、实践类型

本章节实践教学类型主要包括：案例讨论类、角色扮演类、宣传演讲类、参观访问类、调研考察类等。为推动大学生从更好掌握"四个全面"理论到更好知行"四个全面"实践，本章节实践教学形式设计如下：

（一）创新实践教学语境：结合"四个全面"方面性特点，实行多样化实践教学

结合"四个全面"教学目标和不同教学内容，进行不同的实践教学设计，实行菜单式教学讲好"四个全面"故事。

"全面小康社会"采用自编自导自演微电影、焦点访谈、辩论赛、社会调查、情理法论坛等体验式课堂教学，通过自编自导的实践行动，促进学生感受中国特色社会主义事业的光辉成就，激发爱国热忱。

"全面从严治党"采用翻转课堂的形式，课外指导学生学习历史上党内法规建设的微视频，课内进行"还原历史、穿越历史、创意历史"的三阶式学习法，帮助学生更好地认识中国共产党依规治党、从严治党、"自我革命"的演进史，涵养学生的纪律观。

"全面深化改革"开展微课实践，指导学生掌握和运用马克思主义方

法论、世界观、价值观，自己制作微课进行课程知识点的讲解，更加深入理解改革是中国共产党的鲜明旗帜和当代中国的时代特征，明白中国共产党全面深化改革思想的理论价值与实践意义。

"全面依法治国"采用问题链式教学和对分课堂，将教材内容和法治现实转化为各项问题，通过理论讲授深度剖析，结合对分课堂进行总结和学以致用，及时进行理论知识的理解和吸收，帮助学生更准确地认识"法治中国"建设的基本要求和行动遵循，并学以致用。

"四个全面"战略布局知识示教的旨归是引导青年学生更多更全地了解习近平治国理政最新成果，帮助青年学生树立正确的世界观、法治观、改革观、责任观。

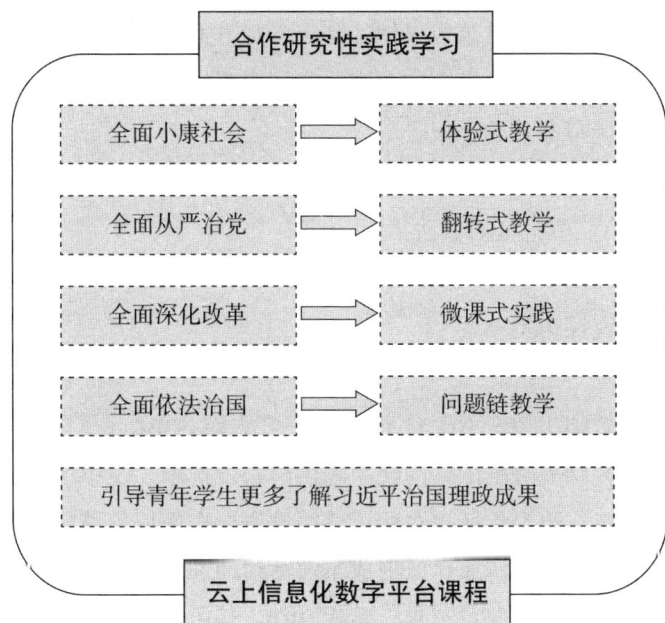

（二）实践教学不同形式的具体实施方案

1. 实地探访

时间："第一节：全面建成小康社会"之前

地点：本区域脱贫致富摘帽的典型乡镇

类型：典例探访类

步骤如下：

第一步：搜集地点、人物、事迹、成绩，整理成功范例；

第二步：选择脱贫致富摘帽的典型乡镇探访、考察；

第三步：理论梳理及说明，撰写心得体会。

2. 参观考察

时间："第二节：全面深化改革"之后

地点：博物馆建国七十年大型成就展等（以宁波地区为例）

类型：参观考察类

步骤如下：

第一步：调查党的十八大以来全面深化改革的重要成果；

第二步：整理出本地深化改革的各领域成果和目标地；

第三步：选择深化改革成果地，制定参观方案；

第四步：根据实际确定个体参观、集体参观模式实地探访考察；

第五步：撰写参观调查报告。

3. 主题研讨

时间："第三节：全面依法治国"课中

地点：上课的教室

类型：研究探讨类

步骤如下：

第一步：教师主持、学生自主组建5—8人研讨小组；

第二步：教师充分酝酿，围绕主题供给若干选题，由小组自选；

第三步：各小组聚焦所选主题，协同调研、合作搜集资料素材；

第四步：分小组进行研讨，形成小组共同的观点；

第五步：小组形成研讨报告，制作PPT，派出代表进行课堂展示；

第六步：教师和其他小组认真听讲，对汇报小组的研讨进行评价。

4. 短剧编演

时间："第四节：全面从严治党"课后

地点：教室或校内模拟法庭或校内学生活动中心

类型：演艺创作类

步骤如下：

第一步：围绕主题，组成编演小组，准备编演提纲；

第二步：编演小组讨论，明确剧本、角色、台词、道具、场地等；

第三步：编演小组排练并进行短剧表演；

第四步：存储、剪辑短剧表演剧本或表演视频，录入资料库。

5. 微视拍摄

时间："第十一章：'四个全面'战略布局"课后

地点：课外场地

类型：影视创作类

步骤如下：

第一步：目标：总结前四阶段实践教学，形成拍摄的微视；

第二步：写本：组织写作、修改、完善微视剧本；

第三步：定案：研制拍摄计划方案，配置人力及技术条件；

第四步：行动：协调各方资源，开展微视拍摄；

第五步：剪辑：安排力量编裁、剪辑、美饰所拍摄的微视素材；

第六步：评比：教师审定后，上传至相应展示平台，适时参赛。

四、实施步骤

本章节实践教学包括课前的调研，课内的案例导入、小组讨论、模拟修宪，课外的参观考察，课后的宣讲等丰富形式。各种实践教学形式紧密联系、环环相扣，形成结构完整、层层递进的知识链与价值链，有助于大学生更好理解"四个全面"战略布局的提出背景、基本内容和战略意义。具体实施步骤如下：

第一步，通过网络问卷星调研或召开小型座谈会的形式，课前了解大学生对章节理论知识点的认知情况，促进学生主动预习理论知识点。

第二步，广泛收集图片、动画、视频等资料，设置情景让学生了解"四个全面"战略布局提出的背景。

第三步，针对"四个全面"战略布局的基本内容，聚焦主题，选择典型案例进行课堂讨论形式的分享，分小组进行讨论，形成观点，教师适时进行点评。

第四步，针对全面依法治国方略，建设中国特色社会主义法治体系的总目标，组织学生进行角色扮演、模拟修宪，学生扮演立法人员，提出宪法修正案，教师进行适当点评。

第五步，制定实地参观、调研考察的时间、地点、方式，组织学生进行参观考察，学生撰写参观体会或调研考察报告。

第六步，学生充当"小小宣讲员"，课后进行理论宣讲。可以借助理论社团、支部团员大会、班会等平台进行宣讲，先当学生，后做教师，以学生为宣讲主体，颁发"理论宣讲员"聘书，由学生向广大师生宣传党的理论、方针和政策。"小小宣讲员"们不仅承担校园里的宣讲任务，还可以开展社会宣讲。

第五节　实践教学内容

一、课前预设环节

"凡事预则立，不预则废"。没有充分的预设，就没有生动的课堂生成。课堂教学是一种有目的、有意识的教育活动。教师在课前对教学目标、任务和过程进行清晰、理性的思考和安排，是保证教学质量的基本要求。为更好地掌握学生对章节内容的认知、学生价值取向和学习期待，有的放矢进行教学，教师可在课前预设调研环节，调研了解班级学生的学习基础、知识结构、课程期待等重要信息。

调研形式为组织课程问卷或小型座谈会。问卷可以采用问卷星形式的网络调研；小型座谈会可以随机抽取班级学生，通过面对面交流形式进行。

结合本章内容，课前调研问题主要包括：

1. "四个全面"战略布局提出的背景是什么？

2. "四个全面"战略布局的基本内容是什么？

3. "四个全面"战略布局的逻辑关系是什么？

4. "四个全面"战略布局的战略意义体现在哪里？

5. 决胜全面建成小康社会提出了哪些新要求？

6. 如何理解全面深化改革的总目标？

7. 如何理解坚持党的领导、人民当家作主、依法治国的有机统一？

8. 如何理解新时代党的建设总要求？

9. 你对"四个全面"战略布局实践教学有什么希望和建议？

通过课前预设调研环节，教师对学生的基本情况、学习基础、知识薄弱点有了充分的认识，有助于适时调整教学方式、教学进度，为促进师生良性互动、有针对性改进实践教学、实现教学目标提供了可靠保障。

二、全面建成小康社会章节

（一）案例导入

精准扶贫是实现全面小康的重要前提，是实现全面小康的"加速器"。本章节导入国务院扶贫办精选的来自基层、并接受过实践检验的12则典型案例：扶贫小额信贷、电商扶贫、光伏扶贫、旅游扶贫、扶贫车间、构树扶贫、"金鸡帮扶"项目、三有村易地扶贫搬迁、贫困村创业致富带头人培训、重庆本土人才回引工程、十八洞村的变化、下党村的"扶贫定制茶园"。

通过导入自党的十八大以来全国各地精准扶贫、精准脱贫的典型案例，帮助学生牢牢把握全面建成小康社会的内涵和目标要求，深刻理解坚决打好精准脱贫攻坚战，坚持专项扶贫、行业扶贫、社会扶贫"三位一体"大扶贫格局，引导学生清醒认识精准扶贫是全面小康的重要基础，只有把这个基础打牢了，全面小康才可能实现。本环节的案例导入，为学生下一步开展专题讨论奠定基础。

（二）专题讨论

根据课前预设的调研结果，教师可结合学生对"四个全面"战略布局理论知识了解的情况、学生的学习期待和存在的困惑，在本章节讲授过程中，采用探究式教学模式，引导学生组建"全面建成小康社会"专题讨论小组，进行专题讨论。根据本章节内容，课堂讨论的材料主要包括教师导入的12则典型案例及学生自行搜集的事例。

本章节专题讨论的程序和步骤如下：

1. 准备阶段。教师提前将"全面建成小康社会"战略的相关讨论材料布置给学生，教师和小组组长提前拟定课堂讨论评分标准；教师对学生进行分组，推选出各组组长；各组学生围绕主题，搜集材料，撰写讨论稿，准备参加课堂讨论。

2. 进行阶段。教师首先发布提前拟定好的评分标准；各组学生根据议题展开讨论，每组组长汇集本组讨论分析的观点和意见，代表本组进行汇报发言；教师进行现场打分。本章节专题讨论的问题可以围绕以下议题进行：

（1）全面建成小康社会的科学内涵是什么？

（2）全面建成小康社会的目标要求是什么？

（3）决胜全面建成小康社会，你认为都有哪些重要举措？

（4）为什么说精准扶贫是实现全面小康的重要前提？

（5）你知道哪些精准扶贫的事例？你认为精准扶贫的手段还有哪些？

3. 总结阶段。教师紧密结合本章节内容，点评学生的讨论发言，将参与讨论的学生成绩记入成绩册。

通过本章节专题讨论，使学生初步达成共识：贫困问题是实现全面小康的"拦路虎"。要全面建成小康社会，就必须啃下"硬骨头"。贫困是一种社会现象，致贫原因多种多样。扶贫攻坚，不仅仅是帮助贫困人口解决温饱问题，更重要的是帮助他们达到同步小康、共同富裕的目的。

（三）参观考察

本章节实践教学可采用参观访问或考察调研形式。参观考察的程序和步骤如下：

1. 前期组织准备

参观考察之前，教师要做好前期准备事宜，包括：选取参观考察地点、时间安排、物资准备、交通工具选择、安全预案等。

（1）参观考察地点。除了比较著名的国家级、省市级大学生爱国主义教学基地外，教师可立足实际，充分利用校本资源进行实践教学，如：与本校形成长期合作关系的实践教学基地（农村村委会、城市居委会、企事业单位等）。结合本章节内容，可选取对全面建成小康社会具有积极影响的社会主义新农村、模范工厂或扶贫项目所在机构。

（2）参观时间。适宜选择全校学生没有课程安排的公共时间，避开法定节假日和公休日。

（3）物资准备。准备好必备的物资，如：矿泉水、晕车晕船药品等。

（4）交通工具选择。可以根据学生规模和路程远近，进行租车，按法定程度与要求与租车服务公司签订好租车合同。

（5）安全预案。为了安全地参观考察，提前给学生购买意外伤害保险，与保险公司签订好保险合同；签订安全责任书，安排每个学生签字。

2. 组织参观考察

前期准备工作都做好后，教师即可组织学生参观考察。在参观考察过程中，教师设定任务，做好过程记录；学生做好参观考察笔记、拍照或摄像，完成教师指定的任务。

（1）设定参观考察题目和范围。参观考察题目不限，只设定题目指南，提前布置给学生；范围围绕"中国全面建成小康社会的伟大意义和艰辛历程"即可。

（2）组成参观考察小组。学生自愿根据自然班，组成参观考察小组，一般5—10人为一组为宜，每组设定一名组长，组员分工明确。

（3）教师指导学生开展参观考察。教师就"常用社会调查方法""调查问卷设计和统计""参观体会和考察调研报告撰写"等事项对学生进行指导和培训。

3. 学生撰写参观体会或考察报告。

学生根据教师的指导和参观考察过程中的收获，每个小组集体合作撰写一篇参观体会或考察调研报告，参观体会或考察调研报告附件中要附小组成员名单和人员分工，考察调研报告还应附上考察调研提纲或调研问卷等。

三、全面深化改革章节

（一）专题讨论

根据课前预设的调研结果，本章节可以单独组织专题讨论，也可以与其他章节合并开展讨论。若采用专题讨论，可引导学生组建"全面深化改革"专题讨论小组，进行专题讨论。根据本章节内容，课堂讨论的材料主要包括《中共中央关于全面深化改革若干重大问题的决定》①、党的十九大报告等。

本章节专题讨论的程序和步骤如下：

1. 准备阶段。教师提前将"全面深化改革"战略的相关讨论材料布置给学生，教师和小组组长提前拟定课堂讨论评分标准；教师对学生进行分组，推选出各组组长；各组学生围绕主题，搜集材料，撰写讨论稿，参加课堂讨论。

2. 进行阶段。教师首先发布提前拟定好的评分标准；各组学生根据议题展开讨论，每组组长汇集本组讨论分析的观点和意见，代表本组进行汇报发言；教师进行现场打分。本章节专题讨论的问题可以围绕以下议题进行：

（1）全面深化改革是在什么时候提出的？

（2）全面深化改革的总目标是什么？

（3）全面深化改革涉及几大改革主线？涵盖多少领域？

（4）全面深化改革的重点是什么改革？其核心问题是什么？

（5）你认为当前改革存在什么问题？应如何推进全面深化改革任务？

3. 总结阶段。教师紧密结合本章节内容，点评学生的讨论发言，将参与讨论的学生成绩记入成绩册。

通过本章节专题讨论，使学生深刻认识到：在新的历史条件下，面对错综复杂的国际国内环境，改革措施的制定和政策的出台必须注重相互照

---

① 中共中央关于全面深化改革若干重大问题的决定［M］. 北京：人民出版社，2013.

应，统筹兼顾，突出全面性，体现系统性、整体性、协同性。特别是面对党的十八大提出的"全面建成小康社会"奋斗目标，确立的中国特色社会主义事业"五位一体"总体布局，党的十八届三中全会审议通过的《中共中央关于全面深化改革若干重大问题的决定》，习近平总书记在党的十九大报告中指出的"坚持全面深化改革"，改革创新的任务更加艰巨，这就决定了要以更大的智慧和勇气全面推进和深化改革，依靠全面深化改革赢得发展的新优势，更优更好发挥我国社会主义制度的优越性。

（二）课后宣讲

理论宣讲是充分发挥思想政治教育第二课堂的重要渠道，也是使学生进一步巩固理论知识，将理论内化于心的重要手段。本章节内容有公开出版的《中共中央关于全面深化改革若干重大问题的决定》《习近平关于全面深化改革论述摘编》等大量支撑资料，较为适宜进行课后宣讲。

本章节课后宣讲的程序和步骤如下：

1. 成立宣讲团。教师根据学生课堂表现，挑选"小小宣讲员"，学生自愿报名，在遴选的基础上，组建理论宣讲团，颁发"理论宣讲员"聘书。

2. 进行宣讲。教师对宣讲团成员进行初步培训，宣讲团借助理论社团、支部团员大会、班会等平台进行宣讲；在条件成熟时，宣讲团也可以走进社区、农村进行"全面深化改革"理论宣讲。主要宣讲内容包括：

（1）"全面深化改革"战略的提出背景。

（2）深化改革的必然性、客观需要和核心性。

（3）习近平同志围绕全面深化改革的十个论点。

（4）6大改革主线、15个领域改革措施。

3. 进行新闻报道。就宣讲团的宣讲成效进行新闻报道，一方面增强宣讲团的集体荣誉感，另一方面，巩固宣讲成果，使"全面深化改革"战略家喻户晓、人人皆知、深入人心，切实把党的创新理论成果转化为指导中国特色社会主义建设实践的强大动力。

四、全面依法治国章节

（一）模拟修宪

新中国成立后，国家一直将法制建设贯通于国家治理之中，不仅制定了 1954 年宪法和一系列法律法规，还要求全党和全国人民都遵守宪法法律，依法办事。自 1954 年首部宪法以来，我国宪法也在探索实践中不断与时俱进。1982 年宪法公布实施后，根据我国改革开放和社会主义现代化建设的实践与发展，分别于 1988 年、1993 年、1999 年、2004 年、2018 年进行了 5 次修订。本章节可以组织学生模拟修宪，通过角色扮演，让学生更加深入地了解国家法制发展历程和宪法发展历程，并以小见大，明白中国特色社会主义法治体系建设精髓，深刻把握全面依法治国基本方略的发展历程。

本章节模拟修宪的程序和步骤如下：

1. 筹备阶段。本阶段主要做好材料的搜集和角色的选取工作。师生提前搜集好修改前宪法条文；角色选取遵循学生自愿报名原则，在学生报名基础上教师提出建议人选，再通过师生商讨最后确定角色人选。主要扮演角色包括提案人员、审定人员、起草人员、决议人员、公布人员，未入选学生扮演普通民众。

2. 模拟阶段。学生按照扮演的角色，各就各位、各司其职，严格遵循宪法修改的程序，完成宪法的模拟修改。其中，起草人员任务较重，需要对决定修改的部分进行具体的草案拟定，拟定过程中，还要听取和征求扮演普通民众的学生意见，使草案获得广泛的民众支持。

3. 总结阶段。教师紧密结合本章节内容，对学生的表演进行点评，将参与角色扮演的学生成绩记入成绩册。

（二）课后宣讲

如前所述，理论宣讲具有极为重要的作用，在此不一一赘述。本章节内容有公开出版的《中华人民共和国宪法》《中共中央关于全面推进依法治国若干重大问题的决定》《习近平关于全面依法治国论述摘编》等书籍资料，较为适宜进行课后宣讲。本章节宣讲活动可以与"全面深化改革"章节宣讲活动同步进行。

本章节课后宣讲的程序和步骤如下：

1. 成立宣讲团。教师根据学生课堂表现，挑选"宣讲员"，学生自愿报名，在遴选的基础上，组建理论宣讲团，颁发"理论宣讲员"聘书。

2. 实施宣讲。教师对"宣讲团"成员进行初步培训，"宣讲团"借助理论社团、支部团员大会、班会等平台进行宣讲；在条件成熟时，"宣讲团"也可以走进社区、农村等基层进行"全面依法治国"理论宣讲。主要宣讲内容包括：

（1）"全面依法治国"基本方略提出的背景原因

（2）全面依法治国的领导机构

（3）全面依法治国的基本内容

（4）全面依法治国的重大意义

（5）全面依法治国的发展历程

（6）习近平总书记关于全面依法治国的重要论述

（7）宪法、法律知识宣传

3. 进行新闻报道。就"宣讲团"的宣讲成效进行新闻报道，一方面增强"宣讲团"的集体荣誉感，另一方面，巩固宣讲成果，使"全面依法治国"基本方略学生尽晓、人人皆知、深入人心，切实把党的创新理论成果转化为指导实践的强大动力。

五、全面从严治党章节

（一）案例导入

协调推进"四个全面"关键在党，全面从严治党是实现"四个全面"的根本保证。本章节导入中央纪委和各级纪委"打老虎""拍苍蝇"，查处的 10 起大案要案：围捕最大"老虎"——周永康案，山西塌方性腐败——令计划领衔的团伙腐败案，军中反腐号角嘹亮——徐才厚案、谷俊山案，省级"山头"轰然倒塌——苏荣案、白恩培案以及牵出的两省多起大要案，"政治明星"能人腐败——万庆良案、毛小兵案，"天下第一司"

的"人去楼空"——发改委价格司窝案、魏鹏远案，"下山老虎"末路——阳宝华案、赵少麟案，严查"不收手不收敛"——谭力案、韩先聪案，小官巨腐之"虎蝇"——马超群案，消灭"灯下黑"管好"自己人"——魏健案、曹立新案。

通过导入十八大以来落马的"大老虎"和"小苍蝇"典型案件，使学生深入了解全面从严治党是党的十八大以来党中央作出的重大战略部署，是"四个全面"战略布局的重要组成部分，也是全面建成小康社会、全面深化改革、全面依法治国顺利推进的根本保证，同时清醒地认识到加强党风廉政建设、开展反腐败斗争的重要性，全面从严治党，基础在"全面"、关键在"严"、要害在"治"。通过案例导入，为学生下一步开展专题讨论奠定基础。

（二）专题讨论

根据课前预设的调研结果，教师可根据学生对"四个全面"战略布局理论知识掌握的情况、存在的不足和薄弱点，引导学生组建"全面从严治党"专题讨论小组，进行专题讨论。根据本章节内容，课堂讨论的材料主要包括教师导入的 10 起大案要案和学生自行搜集的党内腐败案件。

本章节专题讨论的程序和步骤如下：

1. 准备阶段。教师提前将"全面从严治党"战略的相关讨论材料布置给学生，教师和小组组长在共育基础上提前拟定课堂讨论评分标准；教师对学生进行分组；各组学生围绕主题，搜集材料，撰写讨论稿，参加课堂讨论。

2. 实施阶段。教师首先发布提前拟定好的评分标准；各组学生根据议题展开讨论，每组组长汇集本组讨论分析的观点和意见，代表本组进行汇报发言；教师进行现场打分。本章节专题讨论的问题可以围绕以下议题进行：

（1）党员干部腐败的思想根源是什么？

（2）党内腐败现象都有哪些表现形态？十八大以来落马的"大老虎"都有谁？"小苍蝇"又有谁？

（3）新时代党的建设总要求是什么？

（4）十八大以来，推进全面从严治党的主要措施有哪些？

（5）为什么说全面从严治党永远在路上？

3. 总结阶段。教师紧密结合本章节内容，点评学生的讨论发言，将参与讨论的学生成绩记入成绩册。

通过本章节专题讨论，使学生基本达成共识：共产党员尤其是党员领导干部，必须坚定共产主义理想信念，与党同心同德，矢志奋斗；必须要立党为公，正确行使好党和人民赋予的权力；必须讲正气，保持革命气节；必须要坚持从严治党，切实加强监督。

（三）参观考察

本章节实践教学可采用参观访问、考察调研的形式。参观考察的程序和步骤如下：

1. 前期准备事宜

参观考察之前，教师要做好前期准备事宜，包括：选取参观考察地点、时间安排、物资准备、交通工具选择、安全预案等。

（1）在参观考察地点的选取上，除了比较著名的国家级、省市级廉政教育基地外，教师可立足实际，充分利用校本资源开展实践教学，如：利用与本校形成长期合作关系的实践教学基地进行参观考察。参观考察地点和内容包括：中华世纪坛举办的"反腐倡廉警示教育展""反腐倡廉艺术作品展"、国家博物馆举办的"廉政文物精华展"、北京展览馆举办的"金融系统反腐倡廉建设展"、中国电影博物馆举办的"反腐倡廉教育影像展"、中共五大会址纪念馆举办的"中国共产党反腐倡廉历程展"等。

（2）参观时间。适宜选择全校学生没有课程安排的公共时间，避开法定节假日和公休日。

（3）物资准备。准备好必备的物资，如：矿泉水、晕车晕船药品等。

（4）交通工具选择。可以根据学生规模和路程远近，进行租车，与租车服务公司签订好租车合同。

（5）安全预案。为了安全地参观考察，提前给学生购买意外伤害保险，与保险公司签订好保险合同；签订安全责任书，做到每个学生签字。

2. 组织参观考察

前期准备工作都做好后，教师即可组织学生参观考察。参观考察过程中的任务，与"全面建成小康社会章节"参观考察任务类似，在此不一一赘述。

3. 撰写参观体会或考察报告

学生根据教师的指导和参观考察过程中的收获，每个小组撰写一篇"反腐倡廉"参观体会或考察调研报告。参观体会或考察调研报告附件中要附小组成员名单和人员分工，考察调研报告还要附上考察调研提纲或调研问卷等。

第六节　实践教学评价

一、实践教学成果

本章节实践教学形式多样，内容设计合理，成果丰富。通过班级学生搜集资料、案例讨论、角色扮演、理论宣讲、参观访问、调研考察等实践活动，形成的课堂讨论发言稿、读书笔记、参观体会、宣讲演讲稿、调研报告以及学生模拟修宪中进行角色扮演拍摄的视频照片等，由班级研讨小组组长在班级实践成果汇报课上进行现场展示，教师进行评分和遴选，选择出优秀的学生作品，推荐优秀作品报本校马克思主义学院，在马克思主义学院或学校举行汇报展示会或成果交流会，评优评奖。优秀成果展示可通过学校实践教学微信公众号、新闻报道等网络途径迅捷地分享给师生。文字类实践成果可以汇编成册，形成读书札记、访谈人物案例集、调研报告汇编等，条件和经费允许的情况下，调研报告汇编还可以论文集形式每年公开结集出版。

二、实践教学效果

实践教学成果是师生共同努力、教学相长的结果，是培养提高学生的合作学习精神的重要平台。在实践教学过程中，学生以小组活动为主要形式，对本人所在小组总体的活动过程进行回顾、总结、反思，有利于在交流时相互启发，也有利于小组成员认识合作学习的必要性。

通过实践教学成果展示汇报活动，培养学生勤奋刻苦的精神和团队合作意识，使学生能更好地撰写、提炼和总结实践教学成果；相互督促、相互激励，影响和带动更多的学生积极参与思想政治理论课实践教学，加强对思想政治理论课的认同度，坚定马克思主义信仰。

三、实践教学评价

实践教学质量评价是整个实践教学过程中重要的一部分，实践教学质量评价是对整个教学过程的总结，它为下一个教学过程的展开打下坚实的基础。

实践教学质量评价坚持实事求是的原则，采用定性与定量相结合的等级标准和模糊判断的评价方法，完整准确地反映实践教学工作的整体状况，以促进实践教学质量的不断提高。

实践教学活动结束后，教师及时进行实践教学质量或效果评价，完成教师评学；学生及时完成对实践教学质量或效果评价，完成学生评教。本校马克思主义学院应在学期末集体备课会时召开实践教学经验交流会、实践教学成果汇报会或实践教学总结报告会等，会议内容包括：教师展示实践教学过程、实践教学成果、实践教学网络平台使用情况等，进行自评；教师同行互评；督导评价等。教师自评、同行互评、督导评价要客观公正，尊重实效，流程规范，操作透明，杜绝弄虚作假和走过场。

通过实践教学质量评价，能够促进教师和本校马克思主义学院对实践教学工作进行全面总结，找出差距，分析问题，不断提高实践教学实效性。

第七节 实践教学考核

实践教学成绩考核采用过程性考核和总结性考核相结合的评价形式。实践教学的成绩考核比重一般设置为60%或40%。其中，过程性评价占60%-70%，终结性评价占30%-40%。

学习成绩评价体系：总比例：总评成绩=过程性评价＊60%+期末考核＊40% 具体项目与比例如下：

总评成绩							
过程性学习评价（100＊60%）							期末考核（100＊40%）
自主学习成绩（100＊50%）				过程性学习成绩（100＊50%）			
视频课件课堂50分	平时测验30分	调研完成10分	参与讨论10分	三次小组研讨质量70分	三次小组研讨表现3＊10分	奖惩考勤公益组长课长≤10分	

备注：

1. 自主学习成绩（100＊50%）：主要包括视频学习、课件观看、课堂表现、平时测验、作业、教师发布主题的回帖讨论

观测点1：任课教师共提供10组学习视频课件，少观看一组扣1分，本部分总分10分。

观测点2：任课教师发布3次平时小测验，每次满分计10分，本部分总计30分。

观测点3：任课教师线上互评作业一次，满分计10分。

观测点4：任课教师发布讨论主题线上讨论1-4次，学生只有回帖参与讨论，且每贴不少100字方可计入分值，满分计10分。

2. 过程性学习成绩（100＊50％）：主要包括小组研讨成果与参与等

观测点1：小组研讨成果

任课教师根据小组研讨成果汇报质量所评分数，三次小组研讨三次评分，第一次满分计20分，第二、第三次每次满分计25分，总计70分计入过程性学习成绩。

观测点2：小组研讨表现

指根据组员参与小组讨论表现，由组长给本组同学评分，每次满分10分，总分30分，计入过程性学习成绩。

观测点3：其他综合表现

任课教师鼓励学生参与课堂教学所进行的加分与对缺勤所进行的减分。在过程性总分之外额外进行奖惩。其中：课堂参与度主要包括在课堂中积极问答问题、在课程中承担助教、课代表和小组长等职务、辩论中担任主持人、辩手、计时员，互评再评价志愿者等；考勤根据迟到、早退、缺课扣相应分数。

3. 期末考试成绩（100＊40％）

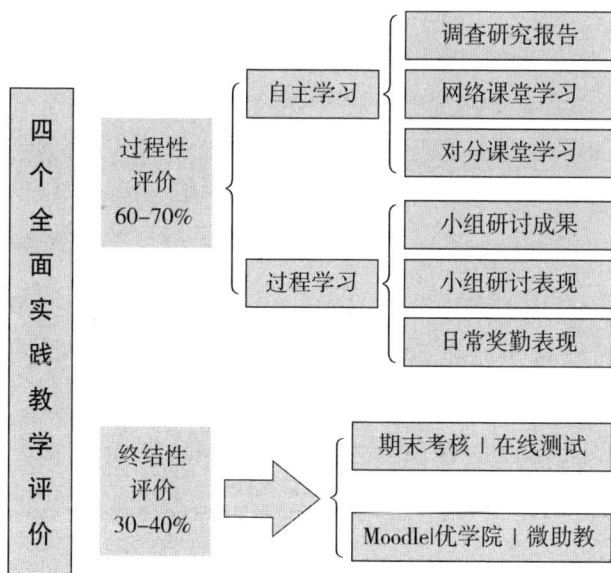

期末考核前，由教师出题若干形成试题库，学生登陆线上学习平台，由机器自由组卷，学生在线测试答题，在期末最后两周课堂随堂测试，学生随机生成试卷机考，总分 100 分。

实践教学评价支撑材料包括《过程性成绩单》《自主性成绩单》《期末成绩单》《小组研讨手册》《课代表手册》等数据。

作者简介：杨春桃（1974—），女，湖南常德人，北京青年政治学院副研究员，法学博士。

陈金波（1979.09—）男，湖北随州人，南京师范大学马克思主义学院博士研究生，浙江万里学院马克思主义学院副研究员。

第十二章

全面推进国防和军队现代化

第一节　实践教学目的

强国必须强军，国防现代化和军队现代化是国家现代化的重要标志。通过本章内容的学习，推动学生掌握习近平强军思想。这一章也是习近平新时代中国特色社会主义思想的重要组成部分，是推进国防和军队现代化的行动纲领。推进强军事业必须毫不动摇坚持党对军队的绝对领导，加快把人民军队建设成为世界一流军队；必须加快形成全要素、多领域、高效益的军民融合深度发展格局，逐步构建军民一体化的国家战略体系和能力。

第二节　实践教学目标

一、认知目标

1. 帮助学生理解习近平强军思想的主要内容和重大意义，清楚党对军队的绝对领导是中国特色社会主义的本质特征，强调党的领导是人民军队战无不胜的根本保证，推进强军事业，必须毫不动摇坚持党对军队的绝对领导。

2. 帮助学生掌握党的十九大对全面推进国防和军队现代化作出的新的战略安排，通过牢固树立"战斗力"这个唯一的根本标准，坚持政治建军、改革强军、科技兴军、依法治军，构建中国特色现代军事力量体系，深入推进练兵备战，为实现中国梦强军梦提供强大物质技术支撑。

3. 帮助学生回答"新时代建设一支什么样的强大人民军队、怎样建设强大人民军队"的时代课题。明确建设世界一流军队的科学内涵，构建中国特色现代作战体系，了解我党坚持富国和强军相统一，积极推动军民融合实践，加快形成全要素、多领域、高效益的军民融合深度发展格局。

二、能力目标

1. 辩证思维能力。政治建军是人民解放军的立军之本，任何时候任何情况下都不能有丝毫松懈。强化"四个意识"，坚决维护和贯彻军委主席负责制，坚决抵制"军队非党化、非政治化"和"军队国家化"等错误政治观点的影响，提高坚持党对军队绝对领导的政治自觉和实际能力，确保党指挥枪的原则落地生根。

2. 实践参与能力。提高学生在日常生活中积极参与军民融合的社会实践活动的能力。

三、成果目标

1. 在课堂理论学习之外，通过代表文本的搜集，梳理新中国成立以来国防和军队建设的发展历程，并且整理成册。

2. 在军事博物馆、航天博物馆等实地参观和理论挖掘的基础上，通过主题研讨，形成参观考察分析报告。

3. 参观军民融合产学研基地，结合专业，开展军民融合实践成果研究。

第三节 实践教学设计

实践活动依据学生认识问题、分析问题、解决问题的学习规律，将文本理解与实地参观相结合，将全面总结和重点研讨结合，将历史经验与现实发展相结合，将研究讨论与具体落实相结合，使学生在实践活动中得以锻造和锤炼，成为中华民族伟大复兴的合格的参与者、建设者、见证者。

一、怎样在实践中深刻体会习近平强军思想

习近平强军思想，是习近平新时代中国特色社会主义思想的重要组成部分，是建设世界一流军队的强大思想武器，是加快推进国防和军队现代化的行动纲领。

在实践教学设计中，首先，要让学生从八一南昌起义开始，了解中国建军史，认识到毛泽东思想所阐释的"枪杆子里面出政权"的革命理论重大意义。授课教师进行教材内容讲解铺垫后，组织学生充分学习军队发展史和成就史，分小组准备材料及图片，制作模型和展板，每组派一位同学作为讲解员，努力在学校举办一场军事展览。其次，要在实践教学中，通过观看军事演习和军事科技，展示中国军事力量从无到有的巨大变化，让学生们感受中国军队现代化建设的成就和民族自豪感。组织学生参观"伟大历程 辉煌成就——庆祝中华人民共和国成立 70 周年大型成就展"，使同学们认识到"新时代建设一支什么样的强大人民军队、怎样建设强大人民军队"这一时代课题带给我们的思考和挑战。

从 1949 年到 2021 年，从屹立东方到改革开放，再到走向复兴，成就展采用编年体形式，用一个个高光时刻、一个个历史瞬间带领学生沿着时光隧道，全方位回顾和感知一个古老东方大国从封闭走向开放，并日益走近世界舞台中央的光辉历程。同一展厅里，一幅幅展现人民解放军新的军兵种组建的画面，让学生思绪千里：从 1950 年开始，中国人民解放军陆军组建公安部队、防空部队和炮兵、通信兵、防化兵、铁道兵等领导机构和

部队。1950 年 4 月 14 日，中国人民解放军海军领导机构成立……共和国成立，百废待兴之际，军队改革发展就已提上议事日程。这一减一增，正是一种无声的宣示：强国必强军，强军必改革。翻开新中国 70 余年来波澜壮阔的巨幅画卷，改革强军的历史回响深远而悠长，回响在强国强军的伟大征途上：一部军队发展史，就是一部军队改革史；改革是决定当代中国命运的关键一招，也是决定人民军队未来的关键一招。在"改革开放"展区，1985 年 6 月 4 日，邓小平在中央军委扩大会议上伸出一根指头的照片赫然入目——在那次会议上，中央军委宣布：中国人民解放军减少员额 100 万，人民军队就此踏上中国特色精兵之路。在"走向复兴"展区，2015 年 9 月 3 日，纪念中国人民抗日战争暨世界反法西斯战争胜利 70 周年大阅兵的画面震撼世界——在那次阅兵式上，中央军委主席习近平宣布：中国将裁减军队员额 30 万。这一年，人民军队全面实施改革强军战略，在中国特色强军之路上迈出关键一步。

70 余年来，人民军队从多次精简整编到打破总部体制、大军区体制、大陆军体制，从改革开放之初的十一大军区到今天的五大战区，从 20 世纪 80 年代百万大裁军到新时代裁减军队员额 30 万……伴随着国家改革开放的伟大进程，军队改革聚焦构建中国特色军事力量体系，完善中国特色社会主义军事制度，大开大合、大破大立、蹄疾步稳，人民军队体制一新、结构一新、格局一新、面貌一新。

二、怎样建设一支听党指挥、能打胜仗、作风优良的人民军队

2021 年是建军 94 年，通过影片、展览馆和各种资料，让学生深刻感受到中国人民军队从小米加步枪，走到了现在海陆空科技信息一体化的军事强国行列，是多么自豪而实属不易的事情。究其根源，中国人民军队成长壮大，就在于是一支听党指挥、能打胜仗和作风优良的人民军队。

在推进强军事业征程中，如何进一步把人民军队建成世界一流军队？

（一）组织退役大学生讲一堂"军事课"

1. 选择优秀退役在校大学生结合部队生活讲一堂生动的"军事课"

退役大学生遍布各个兵种，有男兵和女兵，参与讲课的退役大学生有空军、海军、陆军等军种的各个兵种，女生多为通信兵，站在讲台和学生分享军事课的有男生也有女生退役军人，他们宣讲习近平新时代强军思想、结合自己的当兵体验，给同学们讲述部队生活，让同学们贴近军队，仿佛亲历一支支听党指挥、能打胜仗、作风优良的人民军队如何建立起来的，这种效果比较有实效性，能让学生有更深更亲切的感受。

退役大学生课件制作设计思路：（1）自己所在军队的建军背景和发展历程；（2）习近平强军思想、现代化军队建设状况；（3）自己在部队的经历；（4）深入推进军民融合发展。

在讲述过程中，退役大学生从参军入伍、军营体能训练、部队宿舍卫生到所在部队的光荣历史以及所在兵种的现代化装备介绍，配上自己在部队点点滴滴的军旅生活照片和视频，让班里同学感受到最真实最亲近的军人形象。

（二）访谈退役大学生

1. 学生自建"电台"和主持访谈

话题：部队生活

电台：《豆汁泡面》

主持人：卢陈旭（北京青年政治学院 2019 级文秘专业学生）

采访对象：阿聪（两年义务兵）

主要内容：部队生活里印象最深的事情；

如何与来自五湖四海的战友们相处；

在部队里是怎样锻炼一个人精神品质的；

部队训练对身体素质的提高；

退伍士兵如何适应社会；

给想要当兵的同学一些建议；……

简介

录制这一期节目是因为身边有越来越多的朋友有了当兵服役的意愿，越来越多的人想要把青春奉献给国家，发挥自己的光和热。当然也有些朋友没有弄清楚当兵的必要条件，在前面的各个筛查审核环节被刷下来。于是便找来已经退伍的阿聪，一起聊聊他在服役期间的所见所闻。

我和阿聪认识有六七年了，从他当兵前到服完兵役后，整个精神面貌都有很大的提升。在做这次前采的时候，我只罗列出一个大致的提纲，准备录制的时候跟着感觉走，而阿聪却在认真的记录每一个问题，从很多小事上不难发现，相比于没有服过兵役的学生来说，服过兵役的人做事会更加具有逻辑性、条理性。

我们从部队最难忘的事聊到退伍之后该如何发展等。在部队里面，大家平时主要就是练队列、训体能等，刚开始可能会觉得有些枯燥，但是大家一起流血流汗关系变"铁"了之后，就会觉得很多事都挺有意思的。谁又在训练时出了错，谁又让大家一起吃大锅饭等，在部队没有别的事做，大家都是年轻小伙子，越是闹腾就越有意思。部队生活除了最直观的锻炼身体增强体质之外，更重要的是磨炼了一个人的意志，增强了民族信念、家国情怀。部队训练的时候要遵守命令、服从管理，这样绝对服从的情境在日常生活中很难遇到，而经历了部队军事化管理后，都会对自己有更高的要求和标准。

部队的战友们来自天南海北，每人都有自己的故事，聚在一起能够学到很多东西，特别长见识。在受到部队的训练之后，自己的精神品质肯定是和社会上的那些人不一样，不会斤斤计较，做什么事情都很有条理，很有原则性，包括在部队养成的一些生活习惯，都会对生活和学习有很大的帮助。

在部队服役期间，有很多的时间用来思考，想想自己的人生该怎么规划，自己的价值理想，而且在部队生活的熏陶下会更有家国情怀，每天和战友们一起看新闻，了解国家大事，国际大事，让自己有更广的见识，更宽的知识面。

（三）调研退役大学生在校生思想状况

设计调查问卷，组成调研小组，针对在校退役大学生的学习和生活状况进行调研。通过问卷和深度访谈，了解部队生活对退役大学生"三观"的影响，在部队的锻炼对在读期间学习态度的影响。经调查发现，有过当兵经历的大学生无论是在读还是毕业工作，都在学业和事业方面表现非常优秀，高职在读退役大学生有一部分直接升本科，一部分考取军校或选择参加工作。

三、活动反思、主题研讨

活动形式采用集中性与分散性、广泛性与可行性、多样性与实效性相结合。

教师组织学生分小组进行讨论。讨论题围绕以下问题细化：

（1）习近平总书记提出："中华民族实现伟大复兴，中国人民实现更加美好生活，必须加快把人民军队建设成为世界一流军队。"如何理解习近平总书记讲话的深刻内涵？

（2）我国军事强国的意义何在？长远规划是什么？

（3）抵御洪水、抗击非典、地震救援、抗击新型冠状病毒肺炎中，体现了军人的坚韧品格，请同学们思考对大学生有什么启发？

（4）中国军队在国际维和中积极贡献力量，提供中国方案，体现了习近平总书记提出的怎样的人类命运共同体？

（5）如何将学生能力提高与价值观塑造相结合？

（6）教师引导学生思考：军事强国如何与学生专业相结合？

四、问题整理、形成提案

为了切实加强学生对中国国防和军队现代化的认识，加强学生的爱国实践教育，通过整理以上问题，特制订本提案：通过举办展览、参观博物馆及纪念馆，拍摄情景剧，制作微视频，形成总结的一系列活动，向同学们阐述习近平总书记提出的"中华民族实现伟大复兴，中国人民实现更加美好生活，必须加快把人民军队建设成为世界一流军队"的深刻内涵，向学生宣介我国军事强国的意义和长远规划，帮助学生深刻理解习近平总书记提出的人类命运共同体，引导学生学习中国军人在抵御洪水、抗击非典、地震救援、抗击新型冠状病毒肺炎中的坚韧品格。通过一系列实践活动，将学生能力提高与价值观塑造相结合，将教材第十二章的"全面推进国防和军队现代化"与学生专业相结合，从而实现"思政课程"与"课程思政"的紧密结合。

第四节　实践教学形式

具体的实践教学活动可以概括为"四个一"模式，分别如下：

一、推出一次理论展览

第一步，组织同学们学习中国军队发展史和成就史；

第二步，整理材料、搜集图片；

第三步，制作展板和模型，并进行展览；

第四步，同学担任讲解员；

第五步，教师点评。

按照党和国家领导人的贡献分块制作展板并且推出展览。

二、组织一系列实地参观

1. 时间：2020-2021 秋季学期

2. 地点：军事博物馆、北京航空航天博物馆、北京展览馆、白求恩纪念馆

3. 类型：展览馆、博物馆、纪念馆

4. 步骤：

第一步，教师引导，课程知识铺垫。采用互动式，启发式教学形式，引导学生思考，激发学生参观热情；

第二步，参观军事博物馆、中国航空航天博物馆、北京展览馆"伟大历程，辉煌成就——庆祝中华人民共和国成立 70 周年大型成就展"、白求恩纪念馆、并结合 70 周年国庆阅兵。采用体验式教学形式，引导学生感受军事强国与爱国精神；

第三步，组织学生书写观后感：结合课程思政，推进思政课程；

第四步，组织学生书写实践活动总结，结合抗击疫情中军人的力量，包括收获、意义、建议。

三、展开一次主题研讨

1. 时间：推出理论展览、组织实地参观之后

2. 地点：教室

3. 类型：问题研讨学习

4. 步骤：

第一步，教师提出问题；

第二步，学生分小组讨论；

第三步：学生小组派代表回答；

第四步：教师评价。

四、设计一次情景剧展示

1. 时间：推出理论展览、组织实地参观、开展主题研讨之后

2. 地点：教室

3. 类型：模拟场景学习

4. 步骤：

第一步，确定提案方向，体现军事强国及爱国精神；

第二步，分小组制定剧本。情景剧题目为中国军人的风采，展示内容可以是军队抗击疫情、军队抗震救援、军队国际维和等；

第三步，进行排练；

第四步，小组展示情景剧；

第五步，教师启发大家思考，同学们根据情景剧讨论；

第六步，教师评价。

五、组织微视频的拍摄与评比

第一步，学生书写剧本，教师提出建议；

第二步，拍摄；

第三步，小组评比；

第四步，教师点评。

第五节 实践教学内容

军事实践活动方案制定如下：

为切实加强学生对中国国防和军队现代化的认识，提升爱国实践教育实效，保障活动安全管理，确保学生人身安全，特制定本方案。

（一）活动形式及内容

1. 教师引导，课程知识铺垫。采用互动式，启发式教学形式，引导学生思考，激发学生参观热情。

2. 参观军事博物馆、中国航空航天博物馆、北京展览馆"伟大历程，辉煌成就——庆祝中华人民共和国成立70周年大型成就展"、白求恩纪念馆、并结合70周年国庆阅兵。采用体验式教学形式，引导学生感受军事强国与爱国精神。

3. 组织学生书写观后感：结合课程思政，思政课程，教师组织学生写观后感。

4. 组织学生进行情景剧表演：课堂小组讨论，情景剧展示。情景剧主题是中国军人的风采，采用交流式教学形式，引导学生思考和讨论。体现军事强国和爱国情怀，努力让学生自己为朋辈上一堂生动的思想政治教育课。

5. 组织学生制作微视频作品。

6. 组织学生书写实践活动总结，包括收获、意义和建议。

（二）安全预警方案

1. 学生外出活动应急工作领导小组设置团长、副团长，设置应急预案，分工明确，密切合作，确保高效、有序开展学生爱国教育实践活动。

2. 外出活动前周密筹划，详细制定方案，尽可能充分考虑到活动路途及目的地的安全因素，切实做好突发事件的应急准备。

3. 突发事件时，领导小组要在最短的时间内做出正确决策，采取相应措施。

4. 及时向学校领导汇报突发事件。

5. 做好各项善后工作。

（三）外出要求

1. 教师与组织者要以高度的责任心对每位学生的安全负责。对学生加强安全教育，抓好安全管理并宣布活动安排。确保每位学生都清楚活动规则及注意事项。

2. 出发前要集队清点人数，路途中严肃组织纪律，确保安全，到达目的地再次清点人数。

3. 到达目的地后要按计划有规律地组织开展活动。

（四）应急处理预案

突发事故后，应在最短时间内完成以下工作：

1. 领导小组根据事故或险情情况，相关负责人立即通知应急抢救人员、车辆、机械设备，第一时间与急救中心（120）或就近医院联系，请求出动急救车辆并做好急救准备，确保伤员得到及时医治。

2. 抢救机械设备和救助人员应按照安全操作规程进行救援。

3. 维持现场秩序，同时安排其他学生的疏散和护送问题，加强现场人员的保护，确保现场其他人员的人身安全和财产安全。

4. 第一时间报告学校相关领导。

5. 第一时间报告公安局等相关部门。配合警察做好事故现场取证救助行动，做好调查取证，以利于事故处理，防止证据遗失。

第六节　实践教学思考

一、实践案例总结点评

考虑到实践教学目前的发展困境，本实践案例的设计基于课堂理论教学的基础，探索了实践教学的具体方案，旨在培养学生对于特定历史阶段的科学把握和实践参与能力。第一，采用理论展览的方式，拓展了理论学习的外延，丰富了理论学习的内涵，使得对于理论的学习不再限于课堂灌输，而是采取有重点有方向的深入研究，推动理论的情景再现。第二，采用实地参观的方式，能够实现理论与实践的交相辉映，从而在实地冲击感中把握历史脉络。第三，采用主题研讨的方式，有主题有方向的展开关于理论学习疑惑和实地参观感受的总结反思，提升分析问题的能力。第四，采用模拟提案和模拟场景的方式，强化学生在受教育过程中的主体意识，提升学生对于国家富强、民族复兴、人民幸福的责任感和担当感。

二、进一步完善推广此教学案例的建议

通过上述教学实践活动，践行了课程教学目标，通过教材理论与实践的结合，提升了教学效果。进一步完善方案的建议如下：

（一）更进一步贯彻落实和执行党的教育方针，遵循大学生成长规律和教育规律，坚持社会实践与课堂教学相结合。为把实践教学做深做实，要以实践基地为寄托，积极帮助大学生了解社会、服务社会，提高思想政治素质和专业技能。

（二）提高思想政治理论课实践教学水平和质量，增强思想政治理论课教学的针对性、实效性，使实践教学规范化、制度化，培养全面发展的高素质人才。帮助大学生了解我国当下社会的国情和民情，增强大学生对毛泽东思想和中国特色社会主义理论体系的理解和认同。

（三）增强协作能力。教师团队加强沟通，马克思主义学院牵头引线为主要对象，其他有关部门协调密切配合，把社会实践教学与课内实践教学活动有机结合起来。实践过程中同时注重增强学生协调能力、生活适应能力、社会交往能力和竞争能力，促进学生生存能力的发展。培养学生学会创造，鼓励学生创新，发挥学生的个性，开发学生的潜能，推动学生个性特征的卓越发展。

（四）解决经费来源。马克思主义学院是社会实践教学的主体，思想政治理论课教师是大学生社会实践教学的指导者、组织者，要依据党的教育方针、育人目标和课堂教学内容，创造性地开展社会实践教学。各专业二级学院要高度重视，积极动员所在学院学生参加实践活动，抓好社会实践教学工作。同时，校院两级要完善经费保障的制度、规划、机制。

（五）优化教学考核方式。

实践教学的开展涉及学生成绩评定和教师的教学考核，需要优化教学环节的考核方式，将过程考核融入最终考核。

（六）帮助大学生运用马克思主义立场观点去分析解决实际问题，提高大学生的认识能力、思辨能力和实践能力更好地掌握课堂理论学习知识。立足于实践来增强社会主义信念和振兴中华的责任感、使命感。增强服务社会的意识和能力，促进理论与实践的结合。

（七）参加实践教学活动的全体成员在社会实践过程中要自觉遵守国家有关法律、法规、政策、纪律和校院有关规定，最重要的是保障各方面安全，促使实践活动的顺利完成。

第七节　实践教学考核

实践教学形式的考核要有凭有据。考核要根据学生实践教学出勤、实践教学的参观感想和学习体会，视频材料、朗读音频、手抄报等作业形式，根据作业质量给出响应评价。实践教学的考核形式可以书面作业考核，可以现场汇报小组答辩，可以教师在实践教学现场考察中给出考评。

实践教学的考核比重可以根据情况灵活把握，40%或50%。效果评价的宗旨在于：经过教学活动的实施，丰富学生对中国国防和军队现代化的认识，锻炼学生参与社会实践的能力，激发学生的爱国主义热情，弘扬社会主义核心价值，培养学生的担当和责任意识，对学生的成长成才起到价值引领的作用，并深受学生的喜爱和好评。

（一）参观展览观后感评价方式

大部分学生能按时完成作业，作业中反映了学生以祖国军队强国为傲，愿意与祖国同行的情怀，达到了实践教学目的。教师根据学生提交的观后感，给予学生不同的等级。

优：观点积极，述评结合、语言流畅、真情实感

良：观点积极，语言流畅、真情实感，无错别字

中：有一定的体会和认识，语言基本流畅

及格：有一定的体会和认识，能完成作业

不及格：不能按时完成作业

（二）情景剧展示评价方式

情景剧展示最能反映学生的特点，通过每个小组精心准备的情景剧，教师看到学生的真情付出，也最能体现学生的创造热情。根据学生的展示，由"教师+小组代表"共同决定等级。

优：观点正确、内容非常丰富、感情真挚、多媒体模式新颖

良：观点正确、内容比较丰富、感情真挚

中：观点正确、内容丰富、感情真挚

及格：观点正确、能按时完成展示

不及格：不能完成展示

（三）微视频评价方式

微视频最能体现"互联网+"背景下当代大学生的创造性，最能反映勇立潮头的大学生风采。根据视频播放效果，由"教师+小组代表"共同决定等级。

优：主题健康向上，叙事合理，画面清晰，人物个性鲜明

良：主题健康向上，叙事较合理，画面较清晰，人物个性合理

中：主题健康，叙事流畅，人物塑造合理

及格：主题向上，叙事较合理，人物关系明确

不及格：不按时完成作业。

（四）学生个人总结评价方式

学生的个人总结反映大学生对中国国防和军队现代化的认识，反映百花齐放的校园文化和五彩缤纷的实践教学效果。由教师根据学生的总结情况给予不同等级。

优：有真情实感，能夹叙夹议，弘扬正能量，思路清晰

良：有真情实感，弘扬正能量，思路较清晰

中：有真情实感，弘扬正能量，思路清晰，无常识性错误，

及格：按时完成作业

不及格：不按时完成作业

作者简介： 袁阳，北京经济管理职业学院马克思主义学院副教授，法学博士，博士后。

周颖，北京青年政治学院马克思主义学院教授、副院长，毕业于清华大学马克思主义学院、法学博士。

第十三章

中国特色大国外交

当前世界经济以美国为首的西方资本主义大国"逆全球化"浪潮汹涌，国际形势的不稳定性不确定性更加突出。中国共产党人立足全人类根本利益，倡导构建以合作共赢为核心价值理念的人类命运共同体。党的十九大提出的新时代中国特色社会主义基本方略也将"坚持推动构建人类命运共同体"纳入其中，积极引领构建全球治理新格局。从中国倡议到世界共识，从理念、愿景到实践行动，中国通过设立"亚投行"、推进"一带一路"建设、打造区域命运共同体等实际行动，不断推动世界体系向着公平正义、和平发展的方向走深、走实。提出"一带一路"倡议和构建人类命运共同体重大理念，对中国特色大国外交谋篇布局，对世界走向之问作出响亮回答。

第一节　实践教学目的

本章主要内容是围绕中国特色社会主义建设的外部环境保证展开的，包括坚持和平发展道路和推动构建人类命运共同体两个小节。和平发展仍是当今时代的主题，坚持和平发展道路主要是要使学生了解冷战后国际形势的发展变化及其基本特点，认清在经济全球化和世界多极化条件下中国共产党在外交方面的基本原则、方针和政策；明确中国坚持走和平发展的道路的决心，坚持反对霸权主义、维护世界和平的决心和信心。推动构建人类命运共同体则是旨在让学生了解"一带一路"倡议和构建人类命运共同体的思想内涵。

第二节　实践教学目标

一、认知目标

1. 切实了解世界正处于大发展大变革大调整时期;

2. 全面掌握坚持独立自主和平外交政策;

3. 深刻理解推动构建人类命运共同体思想、"一带一路"倡议;

4. 理解掌握推动建立新型国际关系。

二、能力目标

1. 学会灵活运用中国特色大国外交的相关理论去观察、分析、解决现实问题,提高学生理论联系实际的能力;

2. 运用国与国交流往来的中国智慧来开展人际交往交流的能力。

3. 培养学生的国际视野和全球胜任力;

4. 增强学生的沟通能力与团队协作能力。

三、成果目标

1. 开展班级课堂小组讨论,以小组为单位,进行讨论总结与汇报。既可以深化学生对中国外交政策和"一带一路"、人类命运共同体等概念的具象化理解,同时还能增强学生的表达能力及分析问题的能力。

2. 通过安排学生观看《大国外交》《共和国外交风云》《中国外交官》等外交纪录片,增强学生对中国外交方针政策的了解。同时,通过班级分组协作,制作一期新中国成立以来外交"历史时刻"主题图片展的微信推文,从而加强对中国的外交政策更为清晰完整的了解,并分享观后感。

3. 召开模拟联合国大会是对学生的逻辑思维、表达能力、团队的沟通合作能力的综合锻炼,能深化学生对国际事务的理解与认识。

4. 对中国特色大国外交的相关议题进行调研，并形成相应调查报告。

第三节　实践教学设计

第十三章"中国特色大国外交"的主要内容与当今世界的时事热点关系紧密，但是相关的概念较为宏观且抽象，需要通过各种具体的热点事件或案例分析来加强学生对理论的理解。本章的重点在于让学生理解中国在推动建立新型国际关系和推动构建人类命运共同体中的作用。因此，在实践教学活动中必须注重时效性，紧跟国际局势进行理论阐释。

一、课堂实践教学

（一）小组讨论

孔子主张"不愤不启，不悱不发"，课堂讨论也应做到"不愤不议"。课题的提出就必须做到能有效激发学生积极参与度，课题的开放性利于学生创新思维的发展，封闭课题扼杀了学生的主动性去探索思考，在此基础必须是学生对于题目有足够的了解度，但可以是不够形成系统的，切合实质的看法，离教学目标有一定距离的思考，欠缺的内容可以通过小组讨论来解决。

本章与政治时事密切相关，话题性强，教师可以通过提前设置近期中国外交相关的热点议题或提供案例的方式，对学生进行分组并要求学生搜集相关材料，做好讨论素材的课前准备。在课堂上开展小组讨论，以加深学生对中国特色大国外交的理解。

（二）观看纪录片并分享讨论

选取《大国外交》《共和国外交风云》《中国外交官》等经典中国外交纪录片进行播放，让学生能够更加直观地感受中国外交的政策。为避免长时间播放视频引起学生疲劳，可以节选2—3个经典小片段，将学生引入情境，并结合视频开展相关议题的讨论。

二、课外实践教学

（一）召开模拟联合国大会

本次实践活动主要围绕世界正处于大发展大变革大调整时期的主题展开，通过召开模拟联合国大会的方式，旨在让学生通过角色代入在更加具象化的情境中体会中国的外交政策，更加理解各国在世界大发展变局中所扮演的角色。模拟联合国（Model United Nations），简称模联（MUN），是对联合国大会和其他多边机构的仿真学术模拟，是为青年人组织的有益教育活动。在活动中，学生们可以扮演不同国家或其他政治实体的外交代表，参与围绕国际上的热点问题召开的会议。代表们遵循议事规则，在会议主席团的主持下，通过演讲来阐述观点，为了"国家利益"辩论、磋商、游说。学生小组通过亲身经历熟悉联合国等多边议事机构的运作方式、基础国际关系与外交知识，深刻理解中国在推进新型国际关系中的重要作用，深入体会中国和自己扮演的角色在未来可以发挥的作用。

（二）社会调查

社会调查要进行实地考察，实事采集，经过分析研究，写出有实际内容、理论水平和参考价值的调查报告。社会调查可采取课题组的方式完成。向学生提供课题指南的方式，引导学生开展围绕如大中小学生对"一带一路"的认知情况、留学生对"一带一路"的态度等与中国特色大国外交相关的调查研究，在调查的基础上形成具有针对性的报告。质量优秀的报告可以鼓励学生形成提案或信息专报，上报给党委政府及有关部门。一方面加深学生对调研问题的认知，另一方面提增学生理论联系实际的能力与参政议政的主动性。

第四节　实践教学形式

一、课堂小组讨论

1. 时间："中国特色大国外交"课堂理论讲授期间

2. 地点：教室

3. 类型：教师主导，学生参与，自由探讨

4. 步骤：

第一步，提前一周进行研讨小组的划分

根据学号将全班随机分为 10 个小组，小组以 5—8 人为宜，要避免组合的单一性，使小组成员具有多向性。同时，小组成员要有分工。

第二步，研讨议题的设置

小组分组完成后，给定 5 个相关议题，由学生自由选择感兴趣的议题进行图文资料搜集和主题知识的预习。主要议题可以涵盖但不限于以下议题：

1. 改革开放前后我国外交战略的演变；

2. 中国独立自主和和平外交政策的实践历程；

3. 我国全面推进中国特色大国外交的外交布局；

4. 中美贸易战与大国博弈；

5. 中国特色大国外交与继承和发展周恩来外交理念；

6. 英国脱欧与逆全球化趋势；

7. "一带一路"倡议与经济全球化的发展；

8. 新型冠状病毒肺炎全球爆发与人类命运共同体；

9. 新时代给你印象深刻的中国外交大事件是什么；

10. 新时代中国的大国外交有哪些特点等；

第三步，课堂研讨及节奏的控制

课堂教学是一个动态的过程，并且在目前来说是一个对于学生相当理

想的思维碰撞的平台，学生作为课堂的主体，不仅仅具有平等性，都可以畅所欲言，并且每个学生主体都有着极具特色的经验和感受、思维方式和启发灵感，教师成为小组学习的推动者，帮助学生创新思维具有足够的发挥空间，但与此同时也不能避免尖锐的对抗性活动。

小组研讨目的是为了很好地完成学习目标。因此，小组讨论一定要围绕主题并做好掌控，否则研讨比较随便，学生们很容易转移话题，重点偏离，讨论起不着边际的内容。对此，我们应该采取一些约束。如有时邀请别组一人参加讨论，讨论后陈述别人的发言。或者在时间上加以严格控制，让学生在规定的时间内形成一定的看法，但不一定是统一的意见。

第四步，制作微信图片展示页面，并按小组进行网络投票

按照各小组选定的主体进行学习心得及小组成果展示，并通过网络投票的形式增强活动效果的影响度。

二、组织观看纪录片

1. 时间：课堂小组讨论之后

2. 地点：教室

3. 类型：教师主导，学生参与，自由探讨

4. 步骤：

第一步，选取《大国外交》《共和国外交风云》《中国外交官》等经典中国外交纪录片中的经典片段进行播放，让学生能够更加直观地感受中国外交的政策。

第二步，每个片段播放结束后，按照之前的分组情况，进行小组讨论，并选派小组代表进行汇报。

三、召开一次模拟联合国大会

1. 时间：中国特色大国外交章节课程讲授结束后

2. 地点：教室

3. 类型：研究探讨类

4. 步骤：

第一步，按照前两次小组讨论的情况，将各小组表现突出的同学或小组代表列为"常任理事国"，然后将其他学生随机分配成为各国代表。提前公布小组名单，要求学生针对自己所代表的"国家"围绕相关议题做好发言准备。

第二步，提前公布核心议题及大会规则。教师应该提前组织担任"常任理事国"的核心成员学生进行议题的讨论和规则的熟悉。

第三步，召开模拟联合国大会。

第四步，大会总结，发布最终形成的报告。

大会可参考议题如下：

（一）裁军与国际安全（Disarmament and International Security Committee）

议题 A：Spillover Violence in Civil Conflict（国家内战导致的暴力外溢）

议题 B：Illicit Arms Trade（非法武器交易）

代表制：单代表制　席位设置：80 位代表

（二）经济和金融（Economic and Finance Committee）

议题 A：Economic Rehabilitation in the Middle East（中东地区的经济复兴）

议题 B：Subsidies for Sustainable Energy（可持续能源补贴）

代表制：双代表制 席位设置：100 位代表，50 个国家

（三）非洲联盟事务（African Union）

议题 A：Intervention in Member Countries（对成员国的干涉）

议题 B：Ensuring Opportunities for Youth（确保青年机会）

代表制：单代表制 席位设置：50 位代表

（四）妇女权益保护（Protection of women´s rights）

议题 A：Equal Access to Education（教育公平）

议题 B：Prevention of Violence against Women（防止对妇女的暴力行为）

（五）新型冠状病毒疫情与人类命运共同体

议题 A：The COVID-19 epidemic and world economic development（新型

冠状病毒疫情与世界经济发展）

议题 B：The COVID-19 epidemic and global joint prevention and control（新型冠状病毒疫情与全球联防联控）

四、展开一次社会调查

1. 时间：中国特色大国外交章节课程讲授结束后

2. 地点：网络问卷或实地走访问卷

3. 类型：调查研究类

4. 步骤：

第一步，确定调查课题：

选题应遵循需要性原则、新颖性原则和可行性原则。选择具有教育教学调查法特点和优势的调查研究课题，尤其应重视从教育实践或理论研究的需要提出研究课题。在具体选题时还应把握：调查的目的性，调查者不仅应明确进行该项目调查的目的和任务，而且应考虑更进一步的研究需要。

第二步，设计调查方案：

具体调查方法有文案法、访问法、观察法和实验法等。在调查时，方式方法不是固定和统一的，取决于调查对象和调查任务。应注意多种调查方式的结合运用，准确、及时、全面地取得市场信息。

第三步，收集资料：

收集资料调查法。调查法包括面谈调查法、书面调查法、留置问卷调查法、电话调查法等。在学校管理中，最常用的是面谈调查法。它是指当面听取被调查者的意见、要求、反应、批评、建议。

第四步，整理与分析资料：

对社会调查报告材料的整理，一般分成：检查鉴别。首先检查社会调查报告材料是否切合研究的需要，其次要鉴别事实材料的真实性，数据的准确性，保证材料的真实可靠，确实反映客观实际。制作图表、数表。以其直观形象信息量大，帮助读者理解社会调查报告内容。

调查研究中的一个十分关键的步骤是对社会调查报告材料的分析，是能否将社会调查报告材料化为研究成果的关键所在。

所谓社会调查报告材料分析，就是用科学的方法审查、剖析调查材料中包含的被研究对象的状况、特点、社会背景、基本结构、本质属性与成因、组成因素与相互关系，以及运动机制和结论的过程。

对社会调查报告的调查材料进行分析研究，最基本的类型是定性分析和定量分析，应该用辩证的观点对待事物，对质和量两个方面进行综合考察。

第五步，撰写调查研究报告：

撰写要点：用简单、朴实的语言写作。行文要开门见山，不拐弯抹角。用尽可能简单明快的字句表达尽可能丰富的内容。无论是描述事物现状，还是论证研究结论，都应尽量使用通俗易懂的语言。

叙述事实避免使用主观或感情色彩较浓的语句，力求客观、准确。力求叙述事实真实可靠，引用数据准确无误。

第五节　实践教学内容

一、课堂讨论案例

案例1：改革开放四十余年中国外交的变革与成就

自1978年改革开放至今，中国外交发生深刻变革并取得伟大成就。这40余年间，中国同世界体系与秩序的关系，经历了由对立者、挑战者、革命者到跟进者、参与者、贡献者的重大变化；中国外交形成了"全方位、多层次、立体化"总体布局；中国率先把建立伙伴关系确定为国家间交往的指导原则，为国与国交往开辟了新路径；中国创造性地提出推进构建人类命运共同体的重要思想，为不确定性增多的世界指明了新方向。

从挑战者到参与者的转变顺应时代发展潮流，主动成为国际体系与秩序的跟进者、参与者、贡献者，是改革开放40余年中国外交完成的一项重要的历史性变革。

1978 年 12 月，党的十一届三中全会作出了从 1979 年起把全党工作重点转移到社会主义现代化建设上来的战略决策，同时用"和平与发展"取代"战争与革命"作为时代主题，强调与国际体系的和平与合作方面，日益重视对国际组织与国际合作机制的参与、完善与创设，以更加积极的姿态参与国际事务，为中国经济社会快速稳定发展创造了良好的外部环境。

中国对二战后国际社会产生的重要经济合作机制和金融机构予以高度重视并要求参与其中。20 世纪 80 年代，国际货币基金组织正式恢复中国的代表权，世界银行执行董事会恢复了中国的合法席位。中国于 1991 年 11 月加入亚太经济合作组织（APEC），于 2001 年加入世界贸易组织（WTO）。此外，还加入了东亚合作组织（10+3）、G20 等多个国际经济组织与地区经济组织。迄今，几乎全部世界性和地区性的经济组织与合作机制都有中国参加。中国也是国际规则的坚定支持者与执行者，改革开放 40 余年来已加入几乎所有政府间国际组织和 400 多项国际多边条约，并在新的国际规则的制定方面获得一定影响力与话语权。

近年来，中国还同有关国家共同发起成立"上海合作组织"，建立"中国东盟执法安全合作部长级对话"机制，创建"湄公河流域执法安全合作"机制，积极支持亚洲相互协作与信任措施会议，推动建立"金砖国家峰会"。

而中国在提出"一带一路"倡议后，发起创办了亚洲基础设施投资银行，设立了丝路基金，举办了"一带一路"国际合作高峰论坛，都是为世界经济发展增加正能量的新合作机制。截至 2018 年 8 月，全球 100 多个国家和国际组织同中国签署共建"一带一路"的合作文件，中国与沿线国家已建设 80 多个境外经贸合作区，与沿线 11 个国家和地区签署并实施了自由贸易协定。

——摘自《中国青年报》：改革开放四十年中国外交的变革与成就

http：//news. youth. cn/gn/201901/t20190107_ 11835684. htm

问题设置：

1. 你所了解的改革开放以来中国外交的变革与成就有哪些？

2. 你如何看待中国与周边国家的关系问题？

3. 如何看待十八大以来中国在外交方面的变革与成就？

4. 谈谈你对"一带一路"的认识，并结合自己的亲身经历谈谈它对你的生活带来的影响？

案例2：二十国集团领导人应对新冠肺炎特别峰会声明

二十国集团致力于同世界卫生组织、国际货币基金组织、世界银行集团、联合国以及其他国际组织一道，在各自职责范围内采取一切必要行动以战胜疫情。我们决心通过各自和集体行动，不遗余力做好以下几方面工作：保护生命；保障人们的工作和收入；重振信心、维护金融稳定、恢复并实现更强劲的增长；使对贸易和全球供应链的干扰最小化；向所有需要的国家提供帮助；协调公共卫生和财政措施。

我们承诺采取一切必要公共卫生措施，争取提供足够资金来抑制此次大流行病，以保护人民，特别是最脆弱群体。我们将共享实时、透明信息，交换流行病学和临床数据，共享研发所需的物资，加强全球公共卫生体系，包括支持全面实施《国际卫生条例（2005）》。我们将扩大产能，以满足不断增长的医疗用品需求，并确保以可负担的价格，尽快向最需要的地方合理、广泛提供。我们强调面对此次全球卫生危机，负责任的公众信息传播至关重要。我们要求卫生部部长分享最佳实践，并在四月的部长级会议前采取一系列二十国集团紧急行动以共同抗击此次大流行病。

我们完全支持并承诺进一步增强世卫组织在协调国际抗疫行动方面的职责，包括保护一线医疗工作者，提供医疗用品，特别是诊断工具、诊疗方法、药品和疫苗。我们承认有必要采取紧急短期举措，以加强全球应对新冠肺炎的努力。我们将与利益相关者共同努力，尽快填补世界卫生组织"新型冠状病毒战略防范和应对方案"中的资金缺口。我们承诺在自愿基础上，立即向世卫组织新冠肺炎团结应对基金、流行病防范创新联盟和全球疫苗免疫联盟提供资源。我们呼吁所有国家、国际组织、私人部门、慈善团体和个人提供捐资。

为了捍卫未来，我们承诺大幅增加防疫支出以增强各国、地区和全球应对潜在传染病暴发的准备。这将加强对所有人的保护，尤其是受传染病严重影响的弱势群体。我们进一步承诺共同增加疫苗和药品研发基金，利用数字技术并加强科研全球合作。我们将遵循有效、安全、公平、可及和可负担目标，加强包括私营部门在内的协调力度，快速研发、生产和分配诊断工具、抗疫药物和疫苗。

我们要求世界卫生组织与有关组织合作，评估大流行病防范方面的不足，并在未来几个月内向财政和卫生部部长联席会议报告，以期建立关于大流行病防范和应对的全球倡议。该倡议将充分利用现有项目，延续全球防范领域工作重点，并作为一个普遍、有效、持续的筹资和协调平台，以加速疫苗、诊断和治疗的开发和使用。

——二十国集团领导人应对新冠肺炎特别峰会声明

http：//www.xinhuanet.com/2020-03/27/c_1125773916.htm

在全球范围内，现已向世卫组织报告了近 150 万例 COVID-19 确诊病例，死亡人数超过 9.2 万。在过去的一周里，我们欣慰地看到一些受冲击最严重的欧洲国家，如西班牙、意大利、德国和法国，出现疫情放缓迹象。就个人而言，我很高兴看到我的朋友鲍里斯·约翰逊已转出重症监护室。我祝他一切顺利，也祝愿所有正面临他曾面对的危险的人一切顺利。与此同时，我们看到其他国家的疫情出现惊人加速趋势。我想着重谈一谈非洲。我们看到在非洲，病毒正在向农村地区蔓延。目前我们看到 16 个以上国家出现聚集性病例和社区传播。

我们预计，本已捉襟见肘的卫生系统将面临严重困难，特别是在农村地区。农村地区通常缺乏城市卫生系统那样的资源。正如世卫组织非洲区域主任莫蒂博士昨天所说的，这意味着非洲国家需要采取国内应对措施，紧急加强现有的国家公共卫生和初级卫生保健基础设施。二十国集团国家在最近的会议上表示坚决支持非洲。尽管非洲的病例数仍相对较少，但必须加快支持非洲。

我了解到，一些国家已经计划放松居家限制。世卫组织和任何人一样也希望看到解除限制。但过快解除限制可能会导致疫情急剧恶化。如果行动不当，下坡路可能会与上坡路一样危险。世卫组织正在与受影响国家一道制定逐步安全放宽限制的策略。

——世卫组织总干事 2020 年 4 月 10 日在 2019 冠状病毒病（COVID-

19）疫情媒体通报会上的讲话。

https：//www. who. int/zh/dg/speeches/detail/who-director-general-s-opening-remarks-at-the-media-briefing-on-covid-19---10-april-2020

议题设置：

1. 新型冠状病毒疫情的全球流行给我们带来了哪些启示？

2. 在面对疫情时，你如何看待各国应对的措施及其外交政策？

三、模拟联合国大会流程

模拟联合国大会详细流程

1 点名（Roll Call）

主席按照首字母顺序点国家名时，代表需举国家牌（Playcard）并答"到（Present）!"。

例：主席助理："尊敬的各位代表，现在我们开始点名。请被点到的代表举起国家牌并答'到'。中国。"

中国代表："到。"

点名完毕后，主席助理公布实到代表数，以及简单多数——与会国家代表的50%+1（Simple Majority）和三分之二多数——与会国家代表的2/3（Two-thirds Majority）。

例：主席助理："与会代表共30人，则简单多数为16人，三分之二多数为20人。"

之后，大会进入下一议程——设定议题。

2 设定议程（Setting of Agenda）

当委员会的议题超过1个时，与会代表必须表决，决定首先讨论的议题。

A. 由某国动议先讨论议题A（或B）；

B. 由主席在所有欲发言的国家中随机点出赞成首先讨论议题A和赞成首先讨论议题B的各3个国家代表，陈述为何首先讨论该议题。双方轮流发言（A1-B1-A2-B2-A3-B3），各90秒；

C. 待6国代表发言完毕后。由某国动议结束讨论（close the debate）；

D. 主席请两个反对结束讨论的代表发言；

E. 大会就结束讨论的动议进行投票，三分之二多数通过；

F. 如果结束讨论的动议获得通过，大会就是否先讨论议题 A（或 B）进行投票，简单多数通过。

例：主席："既然我们有两个议题，现在我们开始确定首先讨论的议题。想要首先讨论议题 A 的代表请举牌。美国，墨西哥，蒙古，谢谢。想先讨论议题 B 的代表请举牌。匈牙利，斯里兰卡，白俄罗斯，谢谢。美国代表，现在你有 90 秒时间陈述观点。"

3 正式辩论（Formal Debate）

3.1 设定发言名单（Open the Speakers' List）

主席宣布正式辩论开始后，欲发言的代表举国家牌。主席随机点出发言国。大会发言顺序依主席所点顺序进行。当代表们听到自己国家被点到之后便放下国家牌。如果需要追加发言机会，可以向主席传递意向条要求在发言名单上添加其代表的国家。该国的名字会被加在发言名单的最后。主席不阻止追加，但其他代表可以用动议来阻止。注意：不能在自己发言前追加发言机会。

每个代表发言时间初始设定为 2 分钟。主席会在时间剩余 30 秒的时候，提醒代表。代表可以提出动议延长或缩短发言时间。

代表发言完毕后，如有剩余时间，则可以让渡时间（Yield Time）：

A. 给主席（Yield Time to Chair）。等同放弃时间；

B. 给其他国家（Yield Time to Another Delegate）。而被 yield time 的国家则不可二次让渡时间（可以通过传意向条，会前游说等方式私下协商）；

C. 给问题（Yield Time to Question）。欲提问的国家举牌，由大会主席随机决定发言国家。提问时间不计入剩余时间。提问内容必须根据发言者的发言内容来问。发言代表在剩余时间内回答；

D. 给评论（Yield Time to Comment）。欲评论的国家举牌，由大会主席随机点出发言国家。让渡时间给评论的代表不能再次在剩余时间内发言。（如果发言代表的盟国被点到发言则能加强发言代表的观点，否则如果反对国进行了有力的批驳，发言代表可能会陷入比较被动的境地）。

3.2 提出问题（Point）或动议（Motion）

在每位代表的发言结束后，主席都会问场内有无问题或动议（Are ther any points or motions on the floor?），代表此时可以提出问题或动议。

问题（Point），包括：

A. 程序性问题（Point Of Order）：

当大会的进程与既定规则不符时，代表可以提出程序性问题，该问题可在大会任何时候提出，主席首先解决该问题。但是提出程序性问题要尊重每位发言代表，只有在某段发言本身不合程序的时候才可以打断发言代表。

B. 咨询性问题（Point Of Inquiry）：

代表对大会任何流程和规则不清楚时，可提出咨询性问题。

C. 个人特权问题（Point Of Personal Privilege）：代表有合理的特别需求时，可提出个人特权问题。例如，身体不适，听不清发言，空调开太大等。

问题都不需表决，由主席直接解决。

动议（Motion）：

除问题外，代表需要采取其他的一切行动，都要提出动议。会议进程是由动议推动的。

动议皆需要表决，一般动议简单多数通过，关于重要问题的动议需三分之二多数通过。

一般有这么几种动议：

A. 动议更改发言时间——需简单多数通过

例：China motions to change the speaking time from 3 minutes to 2 minutes.（中国代表动议将发言时间从三分钟改为两分钟）

B. 动议暂时中断正式辩论——简单多数通过（详细说明请见"四、非正式辩论"部分）

例：Greece motions for a 5-minute moderate caucus with 30 seconds speaking time on the topic of …

（希腊代表动议就（某某）问题进行一个五分钟的有主持核心磋商。

每位代表发言时间为三十秒）

C. 动议暂停会议——简单多数通过

如果会议时间超出预计并且已经到了午饭晚饭时间时，代表可以要求吃午饭或晚饭，这时便可以动议暂停会议，结束一轮的讨论。主席团将安排下一轮的开始时间。

例：France motions to suspend the meeting/debate.

（法国代表动议暂停会议）

D. 动议结束辩论——三分之二多数通过

这个一般是已经达成了一次会议的成果之后，详细说明请见"八、结束辩论（Close Debate），表决（Vote）"部分。

例：Japan motions to close the debate.

（日本代表动议结束辩论）

3.3 意向条（Page）

因为在开会时代表都有固定的座位，不方便与相隔较远的国家代表讨论问题，这个时候代表需要进行游说，沟通，都可以通过让在场志愿者传意向条的方式向其他代表或者主席表达。会场会有工作人员负责传条，十分方便。

例：From：你所代表的国家

To：某某国家

内容部分

4 非正式辩论（Informal Debate）/磋商（Caucus）

代表可在每位代表发言结束后，动议进行磋商，磋商有两类：

A. 有组织核心磋商（Moderated Caucus）：必须提出磋商题目（purpose topic）、磋商总时间（total time）、每位代表发言时间（speaking time）。

动议通过后，提出动议的代表自动首先发言。前一位代表结束后欲发言代表举牌，由主席随机点出下一位发言代表。在发言名单中排名较后的或者已经发言的代表可以借机陈述意见。同时，各国代表也可以在这一阶段集中、快速听取各国意见。

B. 自由磋商（Unmoderated Caucus）：只要提出磋商总时间即可。

动议得到通过后，代表可以在规定时间内离席自由商讨、游说，

非正式辩论阶段结束后，如果没有其他代表动议继续磋商，则返回正式辩论阶段。两者交替贯穿整场大会。

会场中的各类文件（其写作方法将在"文件写作"章节做介绍）

5 工作文件（Working Paper）

当会议进行到一定程度，一国或国家集团（bloc）对议题产生初步解决办法时，可以总结成一份工作文件，作为决议草案的前身，提交大会，向各国介绍己方的解决办法。工作文件没有固定格式，主要由数条具体措施罗列。这个文件一般在开会当中产生，主席团通过后，修改，编号之后，志愿者将打印出来并发放给各国代表，这时，写这份文件的国家集团就应该理科动议讨论这份文件以此来推进会议进程。工作文件需要有至少一个起草国（sponsor），不需要附议国（signatory）。所谓起草国就是写这份文件的国家。相对于起草国，还有一种叫"附议国"（signatory），附议国就是对某个不是自己写的文件感兴趣，认为这份文件有讨论的价值的国家。一份文件的主导者就可以是起草国，任何非主导国家的签名都应该算附议国。

6 决议草案（Draft Resolution）

决议草案是按照联合国决议文件格式起草的对该议题的解决办法。之所以叫"草案"，是因为需要投票才能生效。一般一次会议能不能达到成果就要靠成功的决议草案了。写决议草案是起草国和附议国都需要的。其中起草国不能再成为其他 DR 的起草国，但是附议国还可以成为其他 DR 的附议国。起草国和附议国总数要达到总参会国家数的 20%（大于等于）时就可以提交主席团审核，通过、编号并印发全场。DR 印发下来后所有起草国自动获得 3 分钟来解释草案的主要内容和意义。可以所有起草国一起上去说，也可以只派几个。介绍后，其他代表有权利提出针对草案语法的 3 个问题。这个流程走完后，这个 DR 的起草国和附议国最好要继续动议一个 moderated caucus 来讨论这个文件，以此达到更加完全地去诠释这个决议草案。

7 修正案（Amendment）

决议草案可以被修改。在原有的决议草案基础上，代表对其行动性条款中的部分提出添加、删除和修改的方案就是修正案（Amendment）。

修正案分为两类：

友好修正案（Friendly Amendment）：当一份修正案征得所讨论的决议草案全部起草国的赞同之后，就成了友好修正案，这些国家必须在修正案的起草国位置签名。友好修正案可以由任何国家代表提出，当这份修正案征集到所有决议草案的起草国签名后，提交给委员会主席，经主席团通过后，友好修正案将自动被引入决议草案，不需要投票表决。

非友好修正案（Unfriendly Amendment）：一份修正案如果不能使得所讨论的决议草案的每一个起草国都赞成，就成了非友好修正案。提出修正案的国家代表必须征得与会代表国中 20% 国家代表的附议国签名，并由委员会主席团通过，方能向整个委员会提出。提出后，经由辩论和表决（三分之二多数通过），最终决定该修正案是否被引入决议草案。决议草案的起草国不能起草非友好修正案。

8 结束辩论（Close Debate），表决（Vote）

当会议进行了一天多，代表们已经讨论很充分，而且已经有一份或几份比较成熟的获得大多数支持的决议草案提交给主席时就可以提出动议结束辩论进入投票阶段了。我们前面讲过，结束辩论就是终结会议了，需要 2/3 多数票。提出结束辩论没什么特定格式，一般情况下只要说"动议结束辩论（motion to close the debate）"。当这个动议得到通过后，就可以进入到投票阶段了。

在进入投票阶段之前先来解释一下表决：

表决分两种，包括对程序的表决和对会议文件的表决：

对程序的表决（如对某一动议进行表决）中，所有代表都需要投票，不可以弃权。

对文件的表决皆为唱名表决（Roll Call Vote）——主席依次点名，点到的国家举牌并回答"赞成（Yes）""反对（No）"或者"弃权（Abstain）"。

投票阶段便是代表们对可动议对修正案、决议草案进行唱名表决

对决议草案或修正案进行表决，需三分之二多数赞成票才能通过。首先对修正案进行表决，其次是决议草案。由于委员会中代表们会提出多份草案，因此，投票顺序按照草案提交的顺序进行。如果草案得到通过，即生成决议，这一议题就讨论结束！

四、社会调查

调研选题指南：

1. 大学生人类命运共同体意识调查；

2. 大学生对人类命运共同体认知程度与行动意愿调研；

3. 来华留学生对"一带一路"的认知情况调查；

4. "一带一路，中国形象"内陆及沿海地区中国文化的推广调研；

5. "一带一路"沿线城市小微企业投融资现状调研；

6. "一带一路"倡议下跨境电商小微企业的现状与发展研究；

7. 中欧班列对于沿线城市人民生活的影响调研等。

第六节　实践教学思考

本章教学难点主要是理解推进构建人类命运共同体的本质要义，因此在实践设置上，主要凸显政治导向、价值导向功能，围绕相关外交热点议题进行展开。以学生普遍关心或心存疑惑的外交时政热点为教学内容设计实践教案，并进行专题设置。要特别注意对学生存在的困惑进行梳理，并正面回应学生的困惑。关于人类命运共同体的含义，为什么、怎么样构建人类命运共同体，对学生有存有模糊认训与困惑进行解释。

一、实践案例点评

一是从热点时间切入。如中国在新型冠状病毒肺炎的抗击斗争实践中，就体现了对人类命运共同体思想的深入践行。风雨同舟、命运与共，

同舟共济、守望相助抗击疫情应成为世界各国的共同选择。在二十国集团领导人应对新冠肺炎特别峰会上，国家主席习近平秉持人类命运共同体理念，提出了一系列主张，分享了中国的抗疫经验，主张加强国与国的合作，在理论上发挥了重要引领作用。事实上面对严峻的疫情防控形势，国际社会只有风雨同舟、守望相助，携手应对风险挑战，才能共建美好地球家园。

二是从细节切入。学生对构建人类命运共同体的宏大思想，全面精准把握确实有一定难度。但是仍可以从学生关注的一些细节进行切入。在本章节的实践教学过程中，切忌泛泛而谈。因此要更加注意寻找一些生动的例子，让学生从细节中感受到中国大国外交。要通过一些具体的事例，让学生更加直观地感受到中国特色大国外交的中国智慧。例如，在《大国外交》纪录片第六集《美美与共》中，有这样的片段，2015 年 5 月，在俄罗斯纪念卫国战争胜利七十周年庆典期间，习近平主席为曾经在华参加抗日战争的俄罗斯老战士颁奖，90 岁高龄的老兵谢尔盖耶夫腿脚不便，习近平主席看到马上快步走向前去为他颁奖，说道"我过去，您别站起来了。"习近平主席的亲民接地气，为老百姓着想的情怀，展现了"习式外交"的独特魅力，让世界范围内越来越多的人感受到中国大国外交的温度与人情味。

三是从身边切入。要让学生对构建人类命运共同体有一个更加深刻的理解，必须鼓励学生深入社会进行调查研究。通过调查反映的结果，帮助学生更加系统的把握理论。

切合本章节的难点，并结合学生的实际困惑，实践教学可以采取小组讨论与纪录片的形式，展现中国特色大国外交的发展脉络。让学生对中国的外交布局有一个整体把握。第一，通过提前进行分组，并提供小组讨论议题，让学生提前对本章节的主要内容有一个自我认知和消化的过程。再通过课堂的小组讨论，对学生关注的焦点进行答疑解惑，引导学生在讨论中增长新的知识。第二，通过纪录片的观看，引导学生深入了解新中国成立以来的一贯外交政策以及新的变革。第三，在形成初步的概念以后，再组织学生进行本次实践最为核心的部分，召开模拟联合国大会。通过学生喜闻乐见的方式，以情境带入的方式让学生更加深刻地体会到世界各国开展外交的形式，并且通过新型冠状病毒等热点事件的引入与解释，让学生更加深刻地理解人类命运共同体的内涵与现实意义。第四，组织社会调研。在层层深入理解本章节内容以后，通过组织学生开展相关社会调查，帮助学生将学习到的理论知识与日常生活的实际进行关联，升华学生的理论，不断增强学生的问题意识，强化学生在受教育过程中的主体意识，提升学生对于国家富强、民族复兴和人民幸福的责任感和担当感。

二、进一步完善教学案例的建议

1. 注意时效性，及时更新案例及议题

本章节的内容与国际局势发展密切相关，可以从学生感兴趣的国际热点进行切入，更好地将学生从实际生活中的热点事件带入本章节理论学习之中来。因此，教师在组织小组讨论、模拟联合国大会议题等环节时，确应做好选题的精心策划有效抓住学生的兴趣点，及时捕捉重大时政热点，与时俱进提升安全及议题的实效性。

2. 注意时控性，准确把握时间及主题

课堂播放纪录片需要注意时间的把控以及内容的选择。要围绕选择的片段做好问题的设计和讨论议题的引导，让学生能够更加深刻地理解新时代我国的外交政策。

3. 注意适应性，因地制宜使用案例

不同学校可以根据本校的实际情况，将模拟联合国大会的举办形式和规模进行适当调整。有条件的学校也可以举办跨专业、全院甚至全校性质的活动。该活动考察的不仅是学生对外交政策的知识，而且要求学生具有较强的表达能力和逻辑思维能力，是对学生综合素养的培养。但是，由于该活动的流程相对较复杂，为节约时间，如果在班级开展可以将流程进行适当简化。

第七节　实践教学考核

本章节的实践课程分课堂实践与课外实践两种，因此考核的方式应有所区分。课堂活动应与平时成绩挂钩，并且要有明确的评价标准和方法。课外实践应更加突出学生的综合素质，可将表现情况纳入学生综合素质测评范畴，对表现优秀的学生予以加分或评奖。

1. 课堂实践要明确评价标准和方法。一套好的评价标准能有效调动学生参与讨论的积极性与主动性。因此，在开展小组讨论过程中，教师应明确小组讨论的评价标准和方法。在课堂小组讨论部分，可以根据课堂讨论参与情况和小组图片成果在线投票情况进行分别打分，并折算成平时成绩。观看纪录片，可以要求学生进行观后感想分享或者撰写观后感，再进行评分，折算成平时成绩。

2. 课外实践要更注重学生的综合能力培养。在模拟联合国大会的实践教学中，应明确学生参与的评分标准，对学生的整体印象（占总分的20%）、立场演说（占总分的30%）、辩论演说（占总分的30%）、会议贡献（占总份的20）进行评分。

3. 社会调查。根据学生的小组选题，进行评分。评分时考虑的主要因素包括以下几个方面：选题的得当；调查报告或实习的真实性；现象陈述的合理性；问题分析的深刻、翔实；问题解决措施的合理到位；报告结构的严密性和逻辑性；语言的表达；字数要求。评分标准按100分计，85—100分为优秀，70—84分为良好，60—69分为合格，60分以下为不合格。

作者简介： 卢鹏，厦门大学博士研究生，主要从事国外马克思主义研究。

第十四章

坚持和加强党的领导

实现中华民族伟大复兴，党的领导是关键，坚持和加强党的领导，提高党科学执政、民主执政、依法执政水平。紧密团结在以习近平同志为核心的党中央周围，坚持和完善党的领导制度体系，发挥各级党组织和全体党员的先锋作用，是实现国家各项事业不断进步的核心动力。

第一节　实践教学目的

本章内容分为两节，"第一节　实现中华民族伟大复兴关键在党"讲述中国共产党的领导地位是历史和人民的选择，揭示党的领导是中国特色社会主义最本质的特征、党的领导是中国特色社会主义制度的最大优势，阐明新时代中国共产党的历史使命。"第二节　坚持党对一切工作的领导"，强调党是最高政治领导力量，阐述确保党始终总揽全局协调各方的重要性，介绍全面增强党的执政本领的内容。

本章节是在 2015 版本"第十二章　建设中国特色社会主义的领导核心"基础上修订完成的。旨在引导学生结合十八大以来的发展成就和发展规划，理解在实现中华民族伟大复兴的历程中坚持和加强党的领导的重要性，并结合个人专业和人生梦想在党的领导下投身到国家发展的工作中去。

第二节 实践教学目标

一、认知目标

1. 使学生在对近代以来中华民族发展历史了解的基础上，掌握中国共产党成立以后，团结带领中国人民，打败日本帝国主义，推翻国民党反动统治，完成新民主主义革命，建立了中华人民共和国；完成社会主义革命，确立社会主义基本制度，消灭剥削制度，推进了社会主义建设；改革开放，解放和发展社会生产力，人民生活显著改善，综合国力显著增强，国际地位显著提高的基本事实。

2. 使学生从逻辑上认识到党的领导是中国特色社会主义最本质的特征。能够从科学社会主义的理论逻辑、中国特色社会主义产生与发展的历史逻辑、中国特色社会主义迈向新征程的实践逻辑三个维度的视角理解中国特色社会主义最本质的特征。进而理解党的领导是中国特色社会主义制度的最大优势。

3. 使学生理解实现中华民族伟大复兴与坚持和加强党的领导的关系。理解伟大斗争、伟大工程、伟大事业、伟大梦想是一个紧密联系、相互贯通、相互作用、有机统一的整体，统一于新时代坚持和发展中国特色社会主义伟大实践。

4. 理解坚持党对一切工作的领导的主要内容。使学生理解党是最高政治领导力量、确保党始终总揽全局协调各方的重要性。掌握全面增强党的执政本领需要增强学习本领、政治领导本领、改革创新本领、科学发展本领、依法执政本领、群众工作本领、狠抓落实本领、驾驭风险本领等八方面的本领。

二、能力目标

1. 历史思维观。通过回顾近代以来中华民族在中国共产党领导下逐步摆脱悲惨命运，建立起独立、民主国家的过程，考察改革开放以来，生产力的发展、人民生活水平的提高，中国在国际上影响力的提升，让大学生从中感受到中国共产党的领导是中国近代走出困境、逐步走向富强的关键。

2. 逻辑思维能力。从科学社会主义理论出发，社会主义代替资本主义，必须通过无产阶级的革命运动来实现。无产阶级只有建立代表自己阶级利益的先进政党，才能最终完成自身解放和人类解放的历史任务。从而理解坚持和加强党的领导必须以科学理论为依据。由 40 余年的改革开放历史、中华人民共和国成立 70 余年的发展史、建党百年的社会革命实践历史，理解取得系列成果最根本原因是中国共产党的坚强领导，理解中国共产党是中国特色社会主义事业的开创者、推动者、引领者。实现决胜全面建成小康社会、分两步走到 21 世纪中叶建成社会主义现代化强国的目标，必须凝聚全国人民的力量，形成国家和民族坚强的领导核心，理解"中国共产党的领导是中国特色社会主义最本质的特征"写入宪法总纲的深远意义。

3. 系统观念。坚持和加强党的领导实现伟大复兴是一项系统工程，理解四个伟大的辩证关系，伟大梦想是目标，指引前进方向；伟大斗争是手段，激发前进动力；伟大工程是保障，提供前进保证；伟大事业是主题，开辟前进道路。坚持党对一切工作的领导同样也是一项系统工程，确保党始终总揽全局协调各方就是从系统观思维提出的活动遵循。

三、成果目标

理论与现实是密切相关的，要解释好理论就需要用事实说话，中国共产党成立以后，带领中国人民实现了民族独立和国家富强，证明坚持党的领导是取得成功的保障，实现中华民族伟大复兴的过程同样需要坚持和加强党的领导。只有通过实践探究才能更好地理解理论，并最终投身到党领导的国家发展的事业和工作中去。

1. 梳理中国共产党成立以来中华民族奋斗征程上的历史节点、历史事件和历史人物，同时开展比较研究，对比中国共产党成立以前的近代史。

理解中华民族独立自主必须坚持党的领导。通过教学实践活动，可以体会到，中华民族伟大复兴中国梦和社会主义现代化的实现，是一代一代中国人接力前进的历史进程，要保证方向目标不动摇，就需要一支有力的政治领导力量，就必须坚持和加强党的领导。

2. 实现中华民族伟大复兴必然需要伟大的理论支撑，中国革命和社会主义建设实践又提供了新的成果。只有坚持和加强党的领导才能不断创新，才能实现产生新的成果，丰富马克思主义中国化思想体系。在课堂理论学习基础上，通过查阅资料并进行整理，对于新时代中国共产党领导中国人民在不同领域取得的成绩进行分类，并且整理成册。

3. 选择基层党组织和优秀党员作为参观和调研对象，激发大学生的实践参与热情。在实地参观和理论挖掘的基础上，开展小组讨论，撰写调查报告。

4. 在完成调查分析报告的基础上，选择最感人的部分，编写剧本，通过微电影、短视频等方式进行展示，丰富小组实践研究成果。

第三节 实践教学设计

实践教学的本质是通过教师的设计和指导让大学生发挥自身创新能力，深入现实生活以感性的方式形成对理论的深刻体验和认知，实现理论内化于心的效果。遵循思想政治教育规律，形成"理论学习——实践——感性认识——验证并深化理论——再实践——新的感性认识——新的理性认识——新的实践"的工作系统。通过查阅历史文献、观看影像资料、实地参观、考察采访、访谈调研、朗诵演讲、角色扮演、时事播报等视听言动的感性形式，辅以师生对话、反问与反思，实现理论的内化。在实践教学中，将理论学习与实地参观相结合，将全面掌握与重点研讨相结合，坚定紧密团结在以习近平同志为核心的党中央周围，发挥专业特长投身到党领导的中华民族伟大复兴事业中去，成为中华民族伟大复兴合格的参与者、建设者、见证者。

（一）翻转课堂、走进遗迹

1921年以来，在中国共产党领导下，一代一代中国人付出了艰苦卓绝的努力。100年中国共产党的奋斗史，70余年新中国建设史，40余年改革开放史，留下丰富的历史资料，开展历史文献阅读、历史影像搜集，可以回顾中国共产党领导中国人民争取民族独立和国家富强的感人事迹。而对于距离当下仅百年的历史，有很多遗迹。当走进遗迹，会有与查阅资料和观看影视作品不同的感受。选择自己学校所在城市的历史遗迹，去寻找中国共产党领导人民革命和建设的往事，会使课堂上的理论知识更加鲜活。

（二）参观访问、体验成果

改革开放40余年来，很多建设的成果，就发生在我们身边。展览新中国在经济、科技、军事、文化、社会、生态、政治等方面的成就不仅存在于图片上，更存在于祖国的大地上。走进改革巨变的城乡社区、走进爱国主义教育基地、探访重大科技和工程成果、访问社会主义新农村建设典型、寻找践行"两山理论"生态经济同步发展典型。让事实说话，向亲历者问询，可以更直接感受中华民族从站起来、富起来到强起来的过程。该实践教学以本章教材"第一节　实现中华民族伟大复兴关键在党"之"新时代中国共产党的历史使命"等内容为主要理论依据，依靠鲜活的建设成果深化对理论的理解。

（三）及时总结、主题研讨

任何一个思想观念的形成都是对社会现象深度思考的结果。实践教学既是对理论的验证，也是对理论的应用。在开展近现代历史遗迹寻访和现代建设成果参观访问的基础上，以小组为单位，聚焦教材上某一个知识点，开展文献查询，将调研的第一手资料与文献检索获得图文、影像、数据等资料进行综合整理，可以形成更加系统的实践资料。在此基础上，以教材上某一个知识点为主题，展开对话、讨论，并使用现代思维进行反思、整理，由学生自己把文献和实地调研所得汇总后形成的体会，以公开展示的形式进行发布。

（四）情景再现、短剧表演

开展社会主义现代化、实现中华民族伟大复兴，坚持和加强党的领导前提下，更需要广大党员和人民群众的积极参与，这项工作是需要几代人不懈努力才能实现。在社会主义建设的发展历程中，涌现出一大批令人尊敬的英雄模范和道德人物，也留下了很多感人的瞬间。回顾这些经典的时刻，用短话剧等方式演绎这些先进人物的闪光时刻，通过参与短剧表演体会优秀共产党员身上的感人精神，体会坚持和加强党的领导的意义。

（五）深入挖掘、微电影拍摄与展示

学习理论的目的是指导实践，发挥大学生的创造力，让更多的人了解实践成果的意义十分必要。随着手机功能的完备，利用智能手机拍摄短视频和微电影成为可能。以经济、社会、政治、文化、生态各个领域全面发展成果为素材，拍摄短视频和微电影，展示中国共产党带领人民实现中华民族伟大复兴征程上不同工人、农民、科学家、工程师、企业家、党政干部、军人、教育工作者、文艺工作者、环保工作者等职业群体以及没有步入职业生涯的学生们身上的闪光点，传播正能量，作为青年大学生永不褪色的青春记忆。

第四节　实践教学形式

教学实践活动是以视听言动的形式对理论形成过程的感性体验和思维模拟演练，也是对理论的运用和检验。是中国共产党领导下亿万中国人民实现中华民族伟大复兴历程上的成果，是大学生实践活动的资源。为了更好地通过实践活动掌握理论，并内化为大学生人生奋斗的观念和精神力量；本章节的实践教学活动形式可如下：

（一）中国共产党领导革命与建设历史遗迹探访

时间："第一节　实现中华民族伟大复兴关键在党"之前

地点：本地革命与建设历史遗迹

类型：遗迹寻找

步骤：第一步：搜集资料、图片、图书，整理历史人物、历史事件；

第二步：选择遗迹实地探访；

第三步：理论梳理和说明，撰写心得体会。

（二）改革开放成果实地参观

时间："第一节　实现中华民族伟大复兴关键在党"之后

地点：正负电子对撞机、中关村创业园、国家体育场等（以北京地区为例）

类型：参观访问类

步骤：第一步：调查国家改革开放以来取得的各领域的成果，整理出本地成果目的地；

第二步：制定实地参观的方案，根据实际情况确定个体参观和集体参观模式；

第三步：撰写参观调查报告。

（三）主题研讨

时间："第二节　坚持党对一切工作的领导"课中

地点：教室

类型：研究探讨类

步骤：第一步：聚焦主题，结合调研搜集资料；

第二步：分小组讨论，形成观点；

第三步：形成研讨报告，选择代表进行课堂展示。

（四）短剧表演

时间："第二节　坚持党对一切工作的领导"课后

地点：教室或学生活动中心

类型：表演与艺术创作类

步骤：第一步：准备短剧表演提纲；

第二步：小组讨论确定剧本、角色、台词；

第三步：进行短剧表演；

第四步：保存短剧表演剧本或表演视频，形成资料库。

（五）微电影拍摄

时间："第二节 坚持党对一切工作的领导"课后

地点：课外场地

类型：艺术创作类

步骤：第一步：针对前四个阶段实践经验进行总结，形成微电影拍摄目标；

第二步：写作微电影剧本，讨论拍摄计划，重点解决技术条件和人力资源问题，提出行动方案和规划；

第三步：进行微电影拍摄；

第四步：对所拍摄的微电影素材进行剪辑整理，在教师审定后上传相应展示平台或参加相应的比赛。

第五节　实践教学内容

通过实践加深对"坚持和加强党的领导"理论的理解，最好的方式之一，就是从基层党组织和党员的优秀典型调查和寻访开始，从学生便于亲身感受的实例设计教学内容。下面以两个来自北京地区的典型案例进行介绍。

教学案例一：密云水库涵养区低收入村西白莲峪村党建带动乡村振兴

北京市密云区冯家峪镇西白莲峪村位于密云水库上游，总面积11.2平方公里，山场面积15396亩，植被覆盖率达98%，但平整土地面积仅有270亩，无法规模化经营，农业产业结构单一，农业生产性收入不足总收入的30%，该村曾经是冯家峪镇唯一一个低收入村（北京郊区农村没有国家标准的贫困村，但是考虑到北京的消费水平，北京确定标准进行帮扶）。

西白莲峪30年的发展历程可以概括为三个阶段：第一阶段：1991—1996年，以农林业为主的山区经济，确定远抓林果，近抓畜牧，发展企业，稳交农业的发展思路。第二阶段：1997—2006 年，发展柴蛋鸡养殖为主的养殖业经济，确定了"一托一产，推动二产，促进三产"的发展思路。第三阶段：2007—2016 年，发展旅游为主的综合经济，确定了以鹿鸣山居为龙头的自驾旅游为主线，以特色民俗游为载体，整合村的人文、地理、物产资源，建立休闲养生基地的发展思路。

西白莲峪村 30 年的发展历程正是北京市对密云区尤其是水库上游地区定位不断调整细化背景下，认真研究政策结合本村实际情况不断调整思路的过程。

2012 年，西白莲峪村结合本村实际开展"三十"工程，即"十优党员""十佳网格化管理员"和"十星群众"，本村村民可根据自身情况，申报相对应的"明星"称号。村委会组织相关人员对这些申报人员进行审评，每个季度评选出"季度之星"，到年底的时候再评选出"年度之星"，并对这些"明星"们发放不少于 500 元的奖励。

开展"三十"工程以来，村民们积极性大大提高了，和谐氛围比过去有了很大的改善；同时，也形成了党员村民积极参与各项工作、争当先进的氛围。

西白莲峪村围绕"凝聚群众、引导群众，以文化人、成风化俗"这个农村基层党组织建设目标，不断加强新时期党支部建设，干部队伍建设，党员队伍建设，阵地建设，担负起教育、管理、监督党员和组织、宣传、服务群众的职责。同时，以"三十"工程明星为核心，形成一支辅助党员开展工作的核心力量。

十八大以来，全村党员在认真学习有关文件的基础上，充分认识到：要做好农村基层党组织建设工作，就要立足当下、放眼长远因时因地制宜制定工作方案，这样才能组织全体村民参与到农村经济建设工作中来。

聚焦宣传习近平新时代中国特色社会主义思想这一核心任务，让党的创新理论成果、中央最新决策部署与基层干部群众"零距离"接触、全方位覆盖，达到全域、全程、全员学习的目的，这是一件具有重大战略意义的好事实事。农村基层党组织建设就是要从讲政治、讲大局的高度，把这项工作集中精力抓紧抓好抓落地。

要在农村基层做好宣传习近平新时代中国特色社会主义思想工作，为"凝聚群众、引导群众"提供优质的内容方案，解决宣传与教育、动员与服务"两张皮"的问题，这就是基层村级农村基层党组织建设工作的发力点。要调动各方力量，整合各种资源，创新方式方法，通过身边人讲身边事、小故事讲大道理，用中国特色社会主义文化、社会主义思想道德牢牢占领农村思想文化阵地，动员和激励广大农村群众积极投身社会主义现代化建设，把文明实践融入群众的生产生活中去，体现在提升群众的综合素质上，体现在提升群众获得感幸福感安全感上，动员和激励广大基层群众积极投身到"生态宜居家园、绿色发展高地"建设中来。

为了实现上述目标，西白莲峪村充分发挥以往党建创新经验，形成了农村基层党组织建设驱动力。

实现农村基层党组织建设工作与乡村文明创建相结合，与乡村振兴相结合，与村基层党建工作相结合，把"群众高兴不高兴、满意不满意、赞成不赞成"作为农村基层党组织建设工作的试金石，形成了具有本村特色的建设思路。

实现农村基层党组织建设工作与村级经济发展是"凝聚群众、引导群众"的重要手段，而实现农民增收目标则是关键评判标准。根据这一目标，村党支部提出建设高端休闲养生基地，高效农业产业园，高标民俗农庄，三高田园综合体的目标。并在此基础上，提出两个方面重点工作：

一方面，抓好生态环境建设防止自然灾害。西白莲峪村地处"沟域"、易受泥石流等自然灾害影响。村党支部提出全面开展灾后重建工作，美丽乡村建设工作，医养结合建设；同时，提出坚持干部指导，党员代表引领，群众参与的整体格局，加大力度推进生态建设，建设村内环境并努力开展自然灾害防范工作，实现可持续发展。

另一方面，抓好"吃、穿、住、行、乐"等民生工作。加强文化队伍，提档升级，改造文化广场，建立文化大院，提升安稳工作条件，推动就地除险搬迁，完善村庄道路绿化美化，全面实现农村和谐稳定，经济快速发展，村民安居乐业。

西白莲峪村距离城区较远（距离北三环超过100公里），要发展旅游为主的综合经济，吸引客源是关键。在开展农村基层党组织建设工作中，村党支部在有关专家建议下提出以"慢食"概念为引导形成村经济发展核心竞争力的举措。

2017年第七届国际慢食大会首次走进亚洲落户中国，在享有"中国美食之都"美誉的成都举行，标志着慢食运动在中国进入重要的发展阶段。在国际慢食大会筹备阶段，西白莲峪村党支部郭继东书记作为慢村共建代表参加2017年9月11日在北京举行的新闻发布会。

结合农村基层党组织建设工作，有关专家提出以"慢食"概念为引导形成村经济发展竞争力的建议。根据这一建议，西白莲峪村提出"慢食"文化与农村基层党组织建设有机结合的设想。高举"慢食"文化大旗，努力实现西白莲峪村在同类民俗旅游村中脱颖而出。2020年3月20日中共中央、国务院发布《关于全面加强新时代大中小学劳动教育的意见》后，西白莲峪村克服了疫情防控时期无法开展面对面专家咨询等困难，利用视频沟通，提出结合"慢食"理念开展劳动教育的初步设想。同时，根据疫情之后，市民出游半径缩小的变化，通过北京京师同创教育咨询有限公司邀请公益直播团队开展农村基层党组织建设工作经验和"慢食"理念直播等活动，真正把慢食助力村经济发展落到实处。

大城市相对偏远乡村，每年都有青年学子考取大学；然而，这些优秀的青年学子，大多一去不复返。吸引这些优秀年轻人参与到农村基层党组织建设工作中来，必然能够大大促进工作开展。

西白莲峪村党支部获得北京京师同创教育咨询有限公司开展公益直播和向北庄镇大学生赠送图书等信息，积极沟通协商，提出在2020年5月10日开展农村基层党组织建设工作经验和"慢食"理念直播时，开展向冯家峪镇所辖十八个村的图书室赠送创新创业图书活动；所赠图书为在读大学生和有志于创业的青年提供了阅读便利，实现把创新创业知识送进冯家峪镇内每个村级图书室的目标。后期跟踪调研显示，该活动为疫情期间无法回校，长期居家可读图书较少的大学生掌握创新创业知识起到了一定作用。

通过直播形式介绍村党支部围绕乡村文化建设和乡村集体经济发展开

展农村基层党组织建设工作探索的经验，一方面避免了疫情期间京外单位参观学习潜在的跨地区流动的风险，另一方面，也节省差旅成本。直播节目播出之后，一直观看北京京师同创教育咨询有限公司公益直播的通辽市开鲁县团委领导专门打电话对直播团队深入乡村采访，提供可借鉴的工作经验表示感谢。①

（一）实践案例总结点评

基层党组织建设工作探索的经验，是加深对"坚持和加强党的领导"理论的理解的重要途径。

北京市密云区冯家峪镇西白莲峪村由于位于密云水库上游，根据北京市提出的水源地涵养保护政策，产业发展受到限制很多。发展乡村民俗、民宿旅游是实现乡村振兴、农民增收的关键。

西白莲峪村与时俱进、不断学习，提出建设"三十"工程等一系列党建举措，把全村居民凝聚在党支部的周围，共同发展集体经济，体现了基层党组织的战斗堡垒作用，小中见大体现了在农村基层"坚持和加强党的领导"的重要性。

（二）进一步完善推广此教学案例的建议

农村基层党组织建设有很多经验可以总结，要在农村获得第一手资料，了解农村的实际情况，为农村发展、乡村振兴提供支持资源，这就需要思想政治理论课教师磨练内功，避免纸上谈兵。为了获得可持续性的实习、实践基地，思想政治理论课教师应带领学生积极参与到乡村振兴实践工作中去，协助村党支部总结经验，在疫情期间根据乡村急需送去相关图书、帮助聘请专家为村经济发展把脉、用直播展示建设成果。这些解决农村基层急需的举措，是实现合作开发实践基地的基础。

因此，提出工作建议如下：

1. 以红色"1+1"为抓手服务基层并建立联系

北京市提出的开展大学生党支部红色"1+1"活动，为拓展实践基地

---

① 资料来源：根据北京农学院师生暑假针对北京市密云区冯家峪镇西白莲峪村实地调研资料整理编写。

提供了机会，思想政治理论课教师积极参与到活动指导工作中去，并以此为契机获得实践教学基地。

2. 整合人力资源

资金保障思想政治理论课实践教学基地需要的重点，同时更需要能够帮助基层解决实际问题的人才。高校专业众多，做好前期调研，为实践教学基地请到急需的专家，促成合作就不难。

3. 鼓励学生独立思考

思想政治理论课实践教学要全程指导，也要给学生适当的空间，在帮助学生设计好实践活动方案后，给学生独立调研、思考、总结的机会，会使学生收获更大。

教学案例二：积极服务社会的老党员张林成

北京市顺义区三农研究会会长张林成，一名长期在基层农业战线工作的退休干部，怀着一份对"三农"问题的执着，在退居二线开始组建北京市顺义区三农研究会。2007 年退休后，通过努力使顺义区三农研究会成为顺义区，甚至北京市"三农"研究的典范。研究会和会长个人也多次获得顺义区、北京市、全国先进称号。

北京市顺义区三农研究会，2008 年被评为"北京市先进社会组织"；2009 年被评为"全国先进社会组织"；2011 年，研究会推出的"助力三农"服务项目被评为"第一届北京市社会组织公益服务优秀奖"，被中共北京市委创先争优活动领导小组、中共北京市委组织部、北京市老干部局授予"老有所为先锋、创先争优旗帜"先进团队称号。

会长张林成 2009 年被 CCTV《聚焦三农》栏目评为"三农人物提名奖"；2012 年 2 月，被评为北京市民政社团系统先进个人；2012 年 3 月，荣获中共北京市顺义区委老干部工作领导小组授予的"离退休干部先进个人"称号；2012 年 6 月，荣获中共北京市委社会工作委员会颁发的"北京市社会领域创先争优优秀共产党员"称号；2012 年 09 月 27 日被评为"第二届北京三农新闻人物"。

张林成，1947 年 3 月出生，中共党员，大专学历。1965 年入伍，在部队 20 年间，历任连、营、团等职，1985 年转业，先后担任顺义区水产局副局长、农委副主任等职。2001 年调为农委调研员，2007 年退休。从 1986 年至今，一直从事"三农"工作研究，发挥既懂党的政策，又熟悉农村情况的双重优势，多次参与顺义区的农村改革研究、农村政策制定，为破解"三农"问题奠定了坚实基础。顺义区三农研究会自成立后先后建立了农情联络点、村干部接待日等制度。开展了"惠农政策大讲堂""三农文化展"等多项公益性活动，依托自身的力量著书立说，承担课题研究，积极申报并开展政府购买服务项目，从多渠道开创京郊基层"三农"研究新局面。

社会组织参与社会活动存在着很多困难，深入研究"三农研究会"发展历程，我们发现比较典型的问题体现在"四难"上，而在"四难"的破解上我们看到了一个老共产党员对党的坚定信仰和忠诚。

首先，掌握信息难。由于张林成会长于 2007 年正式退休，因此，参加会议、听报告、阅读相关文件的机会减少了，不可能像在职时迅速获得信息。于是，张会长就采取加强政策理论学习，不断提高政策水平的方法解决问题。认真研读"中央一号文件"、阅读《人民日报》《北京日报》等党报、党刊上的理论文章。此外，张会长还坚持做剪报收集信息，采访时笔者发现，为了针对农村居民做好垃圾分类宣传，他共制作剪报信息 400 余条，并且按照北京市十六个区县的行政区划，制作专版总结区县经验，为开展宣讲服务。

其次，下乡调研难。机关进行三农调研比较容易，一般打一个电话就会受到热情接待。而"三农研究会"作为民间学术性社会组织，没有行政隶属关系，调研困难显而易见。面对这个问题，张会长提出"创建三项工作制度"的思路：第一项工作制度：建设"农情联络点"制度，即在顺义基层村建立农情联络点，并向合作的农情联络点颁发铜牌，作为下乡调研的合作伙伴。2009 年 12 月 28 日，中央电视台在清华大学报告厅举办"三农人物面对面"活动，主持人拿着顺义区近 400 个村书记的名单开始测试，当主持人任意念到哪个村时，张林成会长就把村书记的名字说出来。这次现场问答赢得了中国著名学府学子的阵阵掌声，也说明农情联络点制度落到了实处。第二项工作制度：建立"村干部接待日"制度，每月十五日为"村干部接待日"，邀请村党支部书记、村主任、大学生村干部参加，针对来访者提出的工作中遇到的问题出主意、提对策，帮助其破解难题；并提供招待午餐。这样就形成了第二条交流沟通渠道，把走下去和请上来有机结合起来，拓宽了信息来源。开展第三项工作制度：创建"双退人员参与制度"，即邀请退休和退居二线的农业副镇长、农委办局干部参加研究会活动，充分发挥这部分老同志熟悉三农的优势，为开展调研服务。

再次，筹措资金难。资金困难是民间学术性社会组织发展的难题，在研究会创建之初，采取一切费用个人筹集的办法；然而，从长远看，这种方式是难以持久的。于是，张会长提出"开创五条途径"的思路：第一条途径：开展项目合作。研究会利用自己的优势，先后为北京市水务局、农研中心、农委等单位完成研究调查任务，获得项目收入为研究会解决资金问题。第二条途径：努力争取项目立项，《新农村建设顺口溜》2007年被列为北京市哲学社会科学"十一五"规划一般项目、2009年《农村安全用水顺口溜》列入北京市哲学社会科学"十一五"规划重点项目、近期《新型农村社区建设简明读本》；又被列入北京市哲学社会科学"十二五"规划重点项目。第三条途径：参与政府购买社会组织服务工程项目，2010年"惠农政策大讲堂"成为首批项目，2011年"助力三农"成为重点项目。第四条途径：实行有偿服务。即为基层单位撰写方案、策划书，献计献策，获得报酬。第五条途径：研究成果转化，服务社会。工作中的认真积累带来了收获，近年来张会长围绕三农主题，结合农村实际，编著、出版了《为新农村建设支百招》《新农村建设顺口溜》和《农村安全用水顺口溜》等八本书。《新农村建设顺口溜》被国家农家书屋工程购买3000册；《农村安全用水顺口溜》被北京市水务局团购，作为农村节水、科学用水培训教材下发农村，服务基层百姓；《新型农村社区建设简明读本》一书被北京市社会主义新农村建设领导小组综合办公室选中，作为社会科学普及优秀读物出版、发行。

最后，招聘人才难。研究会成立以来，面试人员1600多人次；但是，社会组织的特点决定了不能为工作人员解决户口等问题，最后应聘的工作人员很少。面对这个问题，张会长采取工作人员满负荷工作的办法，来解决人员不足的问题。

破解"四难"的问题使我们深刻体会到："天下事有难易乎？为之，则难者亦易矣；不为，则易者亦难矣。"品读张林成会长和三农研究会克服困难的对策，我们发现张会长对"三农"问题深厚感情是第一个关键因素，为了开展水务调研，张会长通过朋友联系需要调研的村，自己出钱请被调研人员吃饭、交朋友。自己出钱举办二十余期村干部接待日。正是这些真心投入赢得了更多人的支持，通过广交朋友为"三农"创造了条件。也正是这种精神使得研究会完成了"顺义区农民增收问题研究""探索农民用水新机制"等二十一个报告。不仅如此，坚持立党为公思想，积极宣传党的政策和基层新变化，使研究成果更加务实，受到有关部门和广大人民群众的欢迎，研究会出版的书籍成为顺义区农民喜欢阅读的普及读物，有四十几个村达到了每户一本的水平。

善于解决难题，更要善于把工作落到实处。帮助农民解决实际问题。

首先，以国家政策为指南帮助基层干部把握工作方向。顺义区石家营村是北京市新农村建设试点村。村委会主任提出要为农民建楼，向张会长咨询。张会长直言不讳地指出："准备用出卖部分住宅筹集资金等于在搞变相房地产是违反国家政策的，而盖房给村民白住是违反市场规律的，在非建设用地上盖楼是违反土地政策的……"在张会长的建议下，该村放弃了建楼计划，把主要精力放在招商引资和解决农民非农就业上，经过不懈努力，先后引入企业 25 家，2011 年完成税收 900 多万元，村集体年收入200 多万元，农民人均纯收入 15000 多元。

其次，宣传国家政策，促进基层稳定。顺义区马坡地区马卷村 2000 年土地确权后，村中土地收益按现有农业户籍人口分配，而过世老人和出嫁女，虽有《土地承包经营权证书》，但未能享受此项待遇。于是相关村民持着《土地承包经营权证书》向村委会要土地收益，一时解决不了，便成帮上访，闹得村内动荡不安。后来村书记参加了"村干部接待日"，咨询这件事如何解决。张会长明确提出三条建议：一以土地确权 30 年不变大政策为背景，二以中央"增人不增地，减人不减地"的政策为原则，三以区政府颁发的《土地承包经营权证书》为依据。按此提示，该村召开了"两委"会议和村民代表大会，作出了按《土地承包经营权证书》进行土地收益分配的《决议》，并向相关农户补发土地收益，使村内迅速恢复了安定和谐的政治局面。

再次，抓住市场经济特点，帮助农民发展股份合作经济。顺义区龙湾屯镇108家农户，在该镇原副镇长、本会副会长赵旺同志领导下，组建了北京顺双龙牧业有限公司，张会长负责制定改革发展方案及培训任务。经多方努力，该企业得以持续健康发展，2011年，股金分红率为100%，累计分红率560%，且拥有5000多万元的资产，分解到108户股东，平均每户拥有50多万元的产权。

最后，把握农民合作组织发展规律，帮助农民专业合作社编制"示范社"建设方案。2009年和2010年，中央"一号文件"明确提出：要大力加强农民专业合作社"示范社"建设。但什么是示范社？示范社应具备哪些条件？达到什么标准？多数合作社负责人模糊不清。因此，研究会以张镇果品产销专业合作社为案例，为其研究一套行之有效的办法，促使其经济效益增长20%以上，且被评为市级"示范社"，并得到25万元的资金支持。

对于工作成果，张会长概括为："思想有提升、政策有普及、经济有发展、农民有收益。"工作成绩的取得，也吸引了新闻媒体和社会各界的关注。《北京日报》《京郊日报》《农民日报》《中国改革报》《光明日报》及《老年朋友》等报刊，分别对张会长研究"三农"情况，做了相关报道，而中央电视台、北京电视台、顺义电视台及北京人民广播电台，分别对张会长研究成果做了专题报道。几年间，研究会先后接待前来本会调研参观者达6000多人，其中包括原农业部部长何康、原中共北京市委农工委副书记高华、中国著名"三农"专家温铁军，以及荷兰、芬兰、日本、美国、英国及中国台湾地区友人。除此之外，张会长也应邀赴清华大学、中国人民大学、北京师范大学、北京工业大学耿丹学院、北京市转业干部培训中心、黑龙江省鸡西市麻山区委区政府等十几家单位，作"三农"研究情况交流，这对弘扬"北京精神"，博采众长，加快文化大发展大繁荣，起到了积极推动作用。

在访谈中，张会长以自己的四句感言概括自己三农研究工作：

出身农村不能忘本，

融入城市不能忘情，

享着小康不能忘恩；

服务农民不能忘责。

这四句朴实无华的感言，正是老先生立足三农研究的写照，也是三农研究会工作指导思想的高度概括。①

（一）实践案例总结点评

党员是组成党组织的"细胞"，优秀基层党员是大学生学习的榜样。范仲淹在《岳阳楼记》中写道的："居庙堂之高则忧其民，处江湖之远则忧其君"，这是封建时代知识分子的情怀，21世纪的共产党员如何做到"位卑未敢忘忧国"，实现"先天下之忧而忧，后天下之乐而乐"的理想是一个能够引发思考的话题。

张林成同志的经验主要可以概括为如下几个方面：

第一，退休之后一直保持平常心。从实职岗位退下来后，对自己重新审视、重新定位，自觉把自己放在普通百姓的位置，并为自己设计新的生活路线图。

第二，个人情感系三农。怀着对三农的深厚感情，在职研究三农，退二线研究三农，即便退休了，还可继续研究三农。

第三，自我加压促奋进。作为退休干部，组织上已不再安排任务，也没有人让其做什么，可对张会长而言，他把新农村建设这项重大历史任务看成是自己的责任。每年自定目标，自写折子工程，给自己下达任务，自己设法完成，充分利用退休后的时间和智力资源优势，致力于为社会多做一些有益的事。

第四，勇于创新谋率先。北京市顺义区三农研究会作为非营利性社会组织，专门从事农村公益事务研究。研究会所需资金全部自己解决，工作

---

① 资料来源：根据北京农学院师生针对张林成同志采访资料整理编写。

难度很大。然而，在困难面前，他不低头，凭着一股韧劲去开拓创新。农情联络点、村干部接待日制度；"惠农政策大讲堂""三农文化展"等活动，在北京市乃至全国都是领先，这也是研究会多次获奖的根本原因。

第五，服务社会塑品牌。三农研究会从创建之日起，张会长就注重打造特色品牌，其含义概括为四句话：即推出精品多，运行质量高，诚信服务好，应用效果强。所编发展方案和所著书籍得到社会广泛认可。除村级组织常找该会帮助出谋划策外，中共北京市委农村工作委员会，北京市水务局及顺义区新农村建设办公室，分别委托其编写相关内容，这些成果对京郊经济社会协助发展起到了引领作用。

因此，可以说抓住社会民生热点开展扎实研究是张林成同志成为优秀退休党员的基础，抓住机遇，大胆创新是张林成同志成为优秀退休党员的关键。

（二）进一步完善推广此教学案例的建议

一线优秀党员是开展思想政治理论课实践教学活动的重要访谈对象，也是大学生比较容易获取的访谈资源。

因此，提出党员访谈类实践活动建议如下：

1. 以教材体系为导向确立实践主题

教材是开展思想政治理论课实践教学活动的指导，思想政治理论课教师应当依托教材设计优秀党员采访类实践活动方案，引导学生参与到实践活动中去。

2. 挖掘身边采访资源

大多数优秀党员工作、生活在基层，思想政治理论课教师要充分引导学生积极思考、发现自己身边的优秀党员，这样的访谈会更容易切入，采访效果也会更好。

3. 优化教学考核方式

思想政治理论课实践教学最关键的一环是学生成绩评定和教师的教学考核，需要优化教学环节的考核方式，丰富考核体系，引入多种考核形式，允许学生以文字调查报告、微电影视频等多种材料提交作业。

第六节　实践教学思考

习近平总书记在全国高校思想政治工作会议上强调："高校思想政治工作关系高校培养什么样的人、如何培养人以及为谁培养人这个根本问题。要坚持把立德树人作为中心环节，把思想政治工作贯穿教育教学全过程，实现全程育人、全方位育人，努力开创我国高等教育事业发展新局面。"① 实践教学是理论课教学的延伸。坚持和加强党的领导是学生需要掌握的重要内容。

伟大的人民教育家陶行知先生提出"社会即学校"的观点，并指出："不运用社会的力量，便是无能的教育；不了解社会的需求，便是盲目的教育。倘使我们认定社会就是一个伟大无比的学校，就会自然而然的去运用社会的力量，以应济社会的需求。"

2020 年 05 月教育部等八部门发布的《关于加快构建高校思想政治工作体系的意见》（教思政〔2020〕1 号）文件指出：

深化实践教育。把思想政治教育融入社会实践、志愿服务、实习实训等活动中，创办形式多样的"行走课堂"。健全志愿服务体系，深入开展"青年红色筑梦之旅""'小我融入大我，青春献给祖国'主题社会实践"等活动。推动构建政府、社会、学校协同联动的"实践育人共同体"，挖掘和编制"资源图谱"，加强劳动教育。

在做好思想政治理论课教学工作的基础上开发实践教学活动，是提高思想政治理论课吸引力的重要途径。同时，开展有利于学生"世界观、人生观、价值观"养成的社会实践，是对思想政治理论课理论教学和实践教学的有益补充。上述教学和实践活动是开展思想政治教育工作的重要内容。

---

① 习近平在全国高校思想政治工作会议上强调：把思想政治工作贯穿教育教学全过程 开创我国高等教育事业发展新局面 [N]. 人民日报，2016-12-09.

通过"实践──认识──再实践──新认识"的循环往复和无限发展的过程，立德树人，把马克思主义中国化的理论成果变成学生真知、真信的社会发展道理，并在学习工作中遵循这些规律和道理做事，使大学生真正变成社会主义的合格建设者和可靠接班人，是思想政治理论课教学的目标。

建立起以"行走课堂"为主体的实践教学内容，发挥感性认识的作用，通过实践活动帮助学生加深对理论的领悟和理解，是现代教育教学的规律。

由理性认识向实践的飞跃，是理性认识本身发展的要求，是检验理论和发展理论的过程，因而是整个认识过程的一个必不可少的环节。实践教学的特点是感性认识与理性思考的有机结合，依托视听言动的方式接触鲜活的社会主义建设成果，加深对"坚持和加强党的领导实现中华民族伟大复兴"的理解。由理性认识向实践的飞跃，也是实践本身的要求，是整个认识过程的必然归宿。人类把握事物的本质和规律，形成理性认识的根本目的就是在认识世界的基础上自觉地、能动地改造世界。在实践的基础上，通过讨论、思考，把感性认识进一步上升到理性认识，克服感性认识具有不深刻的局限性，并用感知所获得的信息理解理论，使思想政治理论课所讲授的知识真正和人的经验、感情、意志紧紧融为一体，并化为坚实的行动。

在实践教学中，要采取多种多样的形式，查阅历史文献、观看影像资料、遗迹探访、实地调研、优秀党员专访、短剧表演、微电影拍摄等视听言动的感性形式，都是本章可以采用的。上述方法可以使参与者收集更加多样化的感性材料，形成对社会经济理论主题的感性认识，在讨论、思考中总结、概括、归纳这些感性材料进而形成理性认知和理论知识，形成对于"坚持和加强党的领导实现中华民族伟大复兴"理念的认同。

在实践教学中，教师要善于引导学生进行感性材料的梳理、总结和概括，从总体设计逻辑严谨的问题，并以问题为导向引领学生按照计划实施实践目标；在细节上要做到指导而不代替、参谋而不越位，帮助学生独立思考形成实践方案，真正达到实践效果，用亲身体验去验证理论，实现自然而然入脑入心。

第七节　实践教学考核

实践教学形式的考核既要有凭有据，也要形式多样。考核内容可以包括大学生实践教学出勤、实践心得体会、调查报告，课堂展示、短剧表演、微电影视频材料等。

实践教学的考核形式可以书面调查报告作业考核，可以现场汇报小组答辩，可以由教师在实践教学现场考察中给出考评，也可以结合微电影视频由思想政治理论课教师和艺术专业教师联合。

实践教学的考核比重可以根据情况灵活机动，一般可以占50%。

作者简介：张子睿，北京农学院马克思主义学院副教授。主要从事自然辩证法、创造创新理论、创新创业教育研究，出版专著、教材47部。指导大学生社会实践多次获得北京市奖励，出版《大学生社会实践教程》多部。

后　记

思想政治理论课实践教学教程出版了，欣慰之余，满满的都是感激。首先，感谢北京青年政治学院教务处教研经费资助，感谢北京高校思想政治理论课高精尖中心提供重大委托项目为支撑，在项目执行过程中，中国人民大学马克思主义学院院长王易教授、副院长吴学勤教授、分中心负责人武宝瑞教授莅临指导，给予项目很大支持。该书能够站在教学改革的高度，将实践教学的逻辑和课程体系得以梳理，以教科书的形式奉献给大家。其次，感谢北京青年政治学院高精尖分中心提供了科研平台，感谢北京青年政治学院党委书记程晓君、副书记祝文燕全力支持和付出，感谢分中心首席专家刘世保教授的悉心指导，感谢分中心学术委员会委员北京经济管理职业学院马克思主义学院院长陈晓燕教授为本书写了序；最后，应当感谢的是项目组全体成员，是他们牺牲节假日时间，加班加点完成的章节设计，是他们的责任意识和强烈的使命感，让这么一本非常有针对性、基于《毛泽东思想和中国特色社会主义理论体系概论》教材设计的实践教学教程得以面世。

编委会里的作者，有资深的老教授、全国优秀思政课教师韩凤荣，有年轻的学者卢鹏、赵然、刘慧敏等，还有晚上要陪伴孩子入睡之后再挑灯夜战的女老师们，如邱海燕、胡茜、杨春桃、朱冬香、袁阳、李红梅等等，最让人感动的是张子睿老师，在教程已经成稿即将交付之际，因为特殊原因需要重新更换第十四章内容和作者，张子睿临时授命，加班加点，通宵达旦保质保量完成了任务。陈金波、祝大勇两位学者参与了整本书的编辑和校稿。

该书倾注了我们思政教师的情怀和心血，虽然经过多次编辑，书中肯定还会有某些不当之处，希望同行不吝指正。

周颖

2021 年 12 月 8 日

北京青年政治学院马克思主义学院